Schöningh
westermann

EinFach
Deutsch

AF202520

Arthur Schnitzler

Lieutenant Gustl

Erarbeitet von
Margret Behringer und
Renate Gross

Herausgegeben von
Johannes Diekhans

Bildnachweis:

|akg-images GmbH, Berlin: 59, 65, 70, 99, 109, 110, 111, 112. |bpk-Bildagentur, Berlin: C. Junod 112. |Deutsches Literaturarchiv Marbach, Marbach am Necker: 47, 50, 52, 53, 99. |IMAGNO brandstaetter images GmbH, Wien: Austrian Archives 76. |Interfoto, München: LISZT COLLECTION 114, 115. |Österreichische Nationalbibliothek, Wien: Bild-Nr. 138.606-C 109; Bild-Nr. 297.869-B/C 112. |ullstein bild, Berlin: Imagno 55, 74, 110, 113.

© 2009 Bildungshaus Schulbuchverlage
Westermann Schroedel Diesterweg Schöningh Winklers GmbH,
Georg-Westermann-Allee 66, 38104 Braunschweig
www.westermann.de

Das Werk und seine Teile sind urheberrechtlich geschützt. Jede Nutzung in anderen als den gesetzlich zugelassenen bzw. vertraglich zugestandenen Fällen bedarf der vorherigen schriftlichen Einwilligung des Verlages. Nähere Informationen zur vertraglich gestatteten Anzahl von Kopien finden Sie auf www.schulbuchkopie.de.

Für Verweise (Links) auf Internet-Adressen gilt folgender Haftungshinweis: Trotz sorgfältiger inhaltlicher Kontrolle wird die Haftung für die Inhalte der externen Seiten ausgeschlossen. Für den Inhalt dieser externen Seiten sind ausschließlich deren Betreiber verantwortlich. Sollten Sie daher auf kostenpflichtige, illegale oder anstößige Inhalte treffen, so bedauern wir dies ausdrücklich und bitten Sie, uns umgehend per E-Mail davon in Kenntnis zu setzen, damit beim Nachdruck der Verweis gelöscht wird.

Druck A^6 / Jahr 2024
Alle Drucke der Serie A sind im Unterricht parallel verwendbar.

Umschlaggestaltung: Jennifer Kirchhof
Druck und Bindung: Westermann Druck Zwickau GmbH,
Crimmitschauer Straße 43, 08058 Zwickau

ISBN 978-3-14-**022461**-1

Arthur Schnitzler: Lieutenant Gustl

Der Text folgt im Wortlaut der ersten Buchausgabe:

Lieutenant Gustl. Berlin: S. Fischer, 1901.

Die Schreibung wurde behutsam den heute geltenden Regeln ange-
passt.

Um die für Schnitzler typische literarische Technik des „Inneren Monologs" sichtbar zu machen, wurden davon abweichend jedoch zwei
Besonderheiten der Erstausgabe übernommen: Die direkte Rede
Gustls steht in einfachen, die anderer Figuren in doppelten Anfüh-
rungszeichen; übernommen wird auch die gelegentliche Kleinschrei-
bung nach Ausrufezeichen und Fragezeichen zur Kennzeichnung des
fortlaufenden „Inneren Monologs".

Arthur Schnitzler: Lieutenant[1] Gustl[2]

Wie lang wird denn das noch dauern? Ich muss auf die
Uhr schauen … schickt sich wahrscheinlich nicht in einem
so ernsten Konzert. Aber wer sieht's denn? Wenn's einer
sieht, so passt er gerade so wenig auf, wie ich, und vor
dem brauch' ich mich nicht zu genieren … Erst viertel auf [5]
zehn[3]? … Mir kommt vor, ich sitz' schon drei Stunden in
dem Konzert. Ich bin's halt nicht gewohnt … Was ist es
denn eigentlich? Ich muss das Programm anschauen … Ja,
richtig: Oratorium[4]! Ich hab' gemeint: Messe. Solche Sachen gehören doch nur in die Kirche! Die Kirche hat auch [10]
das Gute, dass man jeden Augenblick fortgehen kann. –
Wenn ich wenigstens einen Ecksitz hätt'! – Also Geduld,
Geduld! Auch Oratorien nehmen ein End'! Vielleicht ist es
sehr schön, und ich bin nur nicht in der Laune. Woher
sollt' mir auch die Laune kommen? Wenn ich denke, dass [15]
ich hergekommen bin, um mich zu zerstreuen … Hätt' ich
die Karte lieber dem Benedek geschenkt, dem machen
solche Sachen Spaß; er spielt ja selber Violine. Aber da

---

[1] Aus dem Französischen *lieu tenant* wörtlich übersetzt: Platzhalter,
Stellvertreter. Bezeichnet im englisch- und französischsprachigen
Raum den untersten Offiziersgrad. Schreibweise „Leutnant" ist ei-
ne spätere Eindeutschung.

[2] Abk. von August (m.) oder Augusta (f.) (W. Seibicke: *Historisches
Deutsches Vornamenbuch*, Bd. II, 1998, S. 249 f.). In Österreich ist
der Name mit dem populären Wiener Dudelsackspieler Augustin
(„Oh Du lieber Augustin, alles ist hin") verbunden, der nach einer
Geschichte aus dem 17. Jh. betrunken in eine Pestgrube gefallen
war und am anderen Morgen vergnügt wieder daraus hervorkroch.
Er ist so viel wie der wandelnde Beweis, dass „ein echter Wiener
nicht untergeht". Felix Salten, dem Schnitzler die Gustl-Geschich-
te verdankt, wurde 1901 der künstlerische Leiter des im Theater
an der Wien installierten „Jung Wiener Theaters Zum Lieben Augustin", dem ersten Kabarett Wiens (zit. nach: Arthur Schnitzler,
Lieutenant Gustl. Text und Kommentar Suhrkamp Basisbibliothek.
Frankfurt am Main, 2007, S. 145).

[3] 21:45 Uhr

[4] Mehrteilige, episch-dramatische, geistliche Komposition für Chor
und Orchester. Gustl hört das Oratorium „Paulus" (1836) von Felix
Mendelssohn-Bartholdy (1809–1847), vgl. auch S. 14, Anm. 1.

wär' der Kopetzky beleidigt gewesen. Es war ja sehr lieb
von ihm, wenigstens gut gemeint. Ein braver Kerl, der
Kopetzky! Der Einzige, auf den man sich verlassen kann
… Seine Schwester singt ja mit unter denen da oben. Mindestens hundert Jungfrauen, alle schwarz gekleidet; wie
soll ich sie da herausfinden? Weil sie mitsingt, hat er auch
das Billett gehabt, der Kopetzky … Warum ist er denn
nicht selber gegangen? – Sie singen übrigens sehr schön.
Es ist sehr erhebend – sicher! Bravo! bravo! … Ja, applau-
dieren wir mit. Der neben mir klatscht wie verrückt. Ob's
ihm wirklich so gut gefällt? – Das Mädel drüben in der
Loge ist sehr hübsch. Sieht sie mich an oder den Herrn
dort mit dem blonden Vollbart? …
Ah, ein Solo! Wer ist das? Alt: Fräulein Walker, Sopran:
Fräulein Michalek … das ist wahrscheinlich Sopran …
Lang' war ich schon nicht in der Oper. In der Oper unterhalt' ich mich immer, auch wenn's langweilig ist. Übermorgen könnt' ich eigentlich wieder hineingeh'n, zur
„Traviata"[1]. Ja, übermorgen bin ich vielleicht schon eine
tote Leiche![2] Ah, Unsinn, das glaub' ich selber nicht! Warten S' nur, Herr Doktor, Ihnen wird's vergeh'n, solche Be-
merkungen zu machen! Das Nasenspitzel hau' ich Ihnen
herunter …
Wenn ich die in der Loge nur genau sehen könnt'! Ich
möcht' mir den Operngucker von dem Herrn neben mir
ausleih'n, aber der frisst mich ja auf, wenn ich ihn in seiner
Andacht stör' … In welcher Gegend die Schwester vom
Kopetzky steht? Ob ich sie erkennen möcht'? Ich hab' sie
ja nur zwei- oder dreimal gesehen, das letzte Mal im Of-
fizierskasino … Ob das lauter anständige Mädeln sind,
alle hundert? O jeh! … „Unter Mitwirkung des Singver-
eins"! – Singverein … komisch! Ich hab' mir darunter eigentlich immer so was Ähnliches vorgestellt, wie die Wiener Tanzsängerinnen, das heißt, ich hab' schon gewusst,
dass es was anderes ist! … Schöne Erinnerungen! Damals
beim „Grünen Tor"… Wie hat sie nur geheißen? Und dann

---

[1] „La Traviata" (1853), Oper von Giuseppe Verdi (1813–1901), nach
der Novelle „La Dame aux Camélias" von Alexandre Dumas
[2] dialektaler Pleonasmus (Verdoppelung)

hat sie mir einmal eine Ansichtskarte aus Belgrad geschickt … Auch eine schöne Gegend! – Der Kopetzky hat's
gut, der sitzt jetzt längst im Wirtshaus und raucht seine
Virginia[1]! …
Was guckt mich denn der Kerl dort immer an? Mir scheint, 5
der merkt, dass ich mich langweil' und nicht herg'hör' …
Ich möcht' Ihnen raten, ein etwas weniger freches Gesicht
zu machen, sonst stell' ich Sie mir nachher im Foyer! –
Schaut schon weg! … Dass sie alle vor meinem Blick so
eine Angst hab'n … „Du hast die schönsten Augen, die 10
mir je vorgekommen sind!", hat neulich die Steffi gesagt
… O Steffi, Steffi, Steffi! – Die Steffi ist eigentlich schuld,
dass ich dasitz' und mir stundenlang vorlamentieren lassen muss. – Ah, diese ewige Abschreiberei[2] von der Steffi
geht mir wirklich schon auf die Nerven! Wie schön hätt' 15
der heutige Abend sein können. Ich hätt' große Lust, das
Brieferl von der Steffi zu lesen. Da hab' ich's ja. Aber wenn
ich die Brieftasche herausnehm', frisst mich der Kerl daneben auf! – Ich weiß ja, was drinsteht … sie kann nicht
kommen, weil sie mit „ihm" nachtmahlen[3] gehen muss … 20
Ah, das war komisch vor acht Tagen, wie sie mit ihm in
der Gartenbaugesellschaft[4] gewesen ist, und ich vis-à-vis[5]
mit'm Kopetzky; und sie hat mir immer die Zeichen gemacht mit den Augerln, die verabredeten. Er hat nichts
gemerkt – unglaublich! Muss übrigens ein Jud' sein![6] Frei- 25
lich, in einer Bank ist er, und der schwarze Schnurrbart …
Reservelieutenant soll er auch sein! Na, in mein Regiment
sollt' er nicht zur Waffenübung kommen! Überhaupt, dass
sie noch immer so viel Juden zu Offizieren machen – da
pfeif ich auf'n ganzen Antisemitismus! Neulich in der Ge- 30
sellschaft, wo die G'schicht' mit dem Doktor passiert ist
bei den Mannheimers … die Mannheimer selber sollen ja

---

[1] lange, dünne Zigarre
[2] Steffis Absagen
[3] zu Abend essen
[4] bekannter Ballsaal
[5] frz.: gegenüber
[6] Zum Antisemitismus in der damaligen Wiener Gesellschaft, speziell
   im Militär, s. Anhang S. 84 ff.

auch Juden sein, getauft natürlich … denen merkt man's
aber gar nicht an – besonders die Frau … so blond, bild-
hübsch die Figur … War sehr amüsant im Ganzen. Fa-
moses Essen, großartige Zigarren … Na ja, wer hat's
5 Geld? …
Bravo, bravo! Jetzt wird's doch bald aus sein? – Ja, jetzt
steht die ganze G'sellschaft da droben auf … sieht sehr gut
aus – imposant! – Orgel auch? … Orgel hab' ich sehr gern
… So, das lass' ich mir g'fall'n – sehr schön! Es ist wirklich
10 wahr, man sollt' öfter in Konzerte gehen … Wunderschön
ist's g'wesen, werd' ich dem Kopetzky sagen … Werd' ich
ihn heut' im Kaffeehaus[1] treffen? – Ah, ich hab' gar keine
Lust, in's Kaffeehaus zu geh'n; hab' mich gestern so gegif-
tet[2]! Hundertsechzig Gulden[3] auf einem Sitz verspielt – zu
15 dumm! Und wer hat alles gewonnen? Der Ballert, grad'
der, der's nicht notwendig hat … Der Ballert ist eigentlich
schuld, dass ich in das blöde Konzert hab' geh'n müssen
… Na ja, sonst hätt' ich heut' wieder spielen können, vielleicht doch was zurückgewonnen. Aber es ist ganz gut,
20 dass ich mir selber das Ehrenwort gegeben hab', einen
Monat lang keine Karte anzurühren … Die Mama wird
wieder ein G'sicht machen, wenn sie meinen Brief bekommt! – Ah, sie soll zum Onkel geh'n, der hat Geld wie
Mist; auf die paar hundert Gulden kommt's ihm nicht an.
25 Wenn ich's nur durchsetzen könnt', dass er mir eine regel-
mäßige Sustentation[4] gibt … aber nein, um jeden Kreuzer[5]
muss man extra betteln. Dann heißt's wieder: Im vorigen
Jahr war die Ernte schlecht! … Ob ich heuer im Sommer
wieder zum Onkel fahren soll auf vierzehn Tag'? Eigent-
30 lich langweilt man sich dort zum Sterben … Wenn ich die
… wie hat sie nur geheißen? … Es ist merkwürdig, ich
kann mir keinen Namen merken! … Ah, ja: Etelka! … Kein
Wort Deutsch hat sie verstanden, aber das war auch nicht
notwendig … hab' gar nichts zu reden brauchen! … Ja, es

---

[1] Wiener Café
[2] ugs. geärgert
[3] entspricht durchschnittlichem Monatslohn eines Arbeiters
[4] Unterhalt, finanzielle Unterstützung
[5] kleinste österr.-ungarische Währungseinheit

wird ganz gut sein, vierzehn Tage Landluft und vierzehn
Nächt' Etelka oder sonst wer … Aber acht Tag' sollt' ich
doch auch wieder beim Papa und bei der Mama sein …
Schlecht hat sie ausg'seh'n heuer zu Weihnachten … Na,
jetzt wird die Kränkung schon überwunden sein.[1] Ich an 5
ihrer Stelle wär' froh, dass der Papa in Pension gegangen
ist. – Und die Klara wird schon noch einen Mann kriegen
… Der Onkel kann schon was hergeben … Achtundzwan-
zig Jahr', das ist doch nicht so alt … Die Steffi ist sicher
nicht jünger … Aber es ist merkwürdig: d i e Frauen- 10
zimmer erhalten sich länger jung. Wenn man so bedenkt:
die Maretti neulich in der „Madame Sans-Gêne"[2] – sieben-
unddreißig Jahr ist sie sicher, und sieht aus … Na, ich hätt'
nicht Nein g'sagt! – Schad', dass sie mich nicht g'fragt hat
… 15
Heiß wird's! Noch immer nicht aus? Ah, ich freu' mich so
auf die frische Luft! Werd' ein bissl spazieren geh'n, über'n
Ring[3] … Heut' heißt's: früh ins Bett, morgen Nachmittag
frisch sein! Komisch, wie wenig ich daran denk', so egal
ist mir das! Das erste Mal hat's mich doch ein bissl aufge- 20
regt. Nicht, dass ich Angst g'habt hätt'; aber nervös bin ich
gewesen in der Nacht vorher … Freilich, der Oberlieute-
nant Bisanz war ein ernster Gegner. – Und doch, nichts ist
mir g'scheh'n! … Auch schon anderthalb Jahr' her. Wie
die Zeit vergeht! Und wenn mir der Bisanz nichts getan 25
hat, der Doktor wird mir schon gewiss nichts tun! Obzwar,
gerade diese ungeschulten Fechter sind manchmal die
gefährlichsten. Der Doschintzky hat mir erzählt, dass ihn
ein Kerl, der das erste Mal einen Säbel in der Hand gehabt
hat, auf ein Haar abgestochen hätt'; und der Doschintzky 30
ist heut' Fechtlehrer bei der Landwehr[4]. Freilich – ob er

---

[1] Die Kränkung bezieht sich wohl auf die Pensionierung des Vaters, die sowohl soziale als auch finanzielle Auswirkungen hat. Mit
28 Jahren gilt Klara als sitzen gebliebenes Mädchen, das nur eine
Chance zum Heiraten hat, wenn der Onkel eine Mitgift bereitstellt.

[2] Komödie von Victorien Sardou (1831–1908). Der Titel ins Deutsche übersetzt lautet „Eine schamlose Frau".

[3] Wiener Boulevard, s. Anhang S. 114/115

[4] stehendes Nationalheer als Reserve der k. u. k. Armee (vgl. Anhang, S. 66 ff.)

damals schon so viel können hat … Das Wichtigste ist:
kaltes Blut. Nicht einmal einen rechten Zorn hab' ich mehr
in mir, und es war doch eine Frechheit – unglaublich! Sicher hätt' er sich's nicht getraut, wenn er nicht Champag-
ner getrunken hätt' vorher … So eine Frechheit! Gewiss
ein Sozialist! Die Rechtsverdreher sind doch heutzutag'
alle Sozialisten! Eine Bande … am liebsten möchten sie
gleich 's ganze Militär abschaffen; aber wer ihnen dann
helfen möcht', wenn die Chinesen über sie kommen[1], daran denken sie nicht. Blödisten! – Man muss gelegentlich
ein Exempel statuieren. Ganz recht hab' ich g'habt. Ich bin
froh, dass ich ihn nimmer auslassen hab' nach der Bemerkung. Wenn ich dran denk', werd' ich ganz wild! Aber ich
hab' mich famos benommen; der Oberst sagt auch, es war
absolut korrekt. Wird mir überhaupt nützen, die Sache.
Ich kenn' manche, die den Burschen hätten durchschlüp-
fen lassen. Der Müller sicher, der wär' wieder objektiv
gewesen oder so was. Mit dem Objektivsein hat sich noch
jeder blamiert … „Herr Lieutenant!" … schon die Art, wie
er „Herr Lieutenant" gesagt hat, war unverschämt! … „Sie
werden mir doch zugeben müssen" … – Wie sind wir
denn nur d'rauf gekommen? Wieso hab' ich mich mit dem
Sozialisten in ein Gespräch eingelassen? Wie hat's denn
nur angefangen? … Mir scheint, die schwarze Frau, die
ich zum Büfett geführt hab', ist auch dabei gewesen …
und dann dieser junge Mensch, der die Jagdbilder malt
– wie heißt er denn nur? … Meiner Seel', der ist an der
ganzen Geschichte schuld gewesen! Der hat von den Manövern geredet; und dann erst ist dieser Doktor dazuge-
kommen und hat irgendwas g'sagt, was mir nicht gepasst
hat, von Kriegsspielerei oder so was – aber wo ich noch
nichts hab' reden können … Ja, und dann ist von den

---

[1] „Boxer" sind Mitglieder eines christen- und fremdenfeindlichen
Geheimbundes, der 1900 in Nordchina aus Protest gegen die zahlr.
Konzessionen und Gebietsabtretungen an die europ. Mächte mit
der Belagerung des Pekinger Gesandtschaftsviertels und der Er-
mordung des dt. Gesandten K. Freiherr von Ketteler den Boxer-
aufstand auslöste, der durch die militär. Intervention eines internat.
Expeditionskorps niedergeschlagen wurde.

Kadettenschulen[1] gesprochen worden ... ja, so war's ...
und ich hab' von einem patriotischen Fest erzählt ... und
dann hat der Doktor gesagt – nicht gleich, aber aus dem
Fest hat es sich entwickelt – „Herr Lieutenant, Sie werden
mir doch zugeben, dass nicht alle Ihre Kameraden zum
Militär gegangen sind, ausschließlich um das Vaterland
zu verteidigen!" So eine Frechheit! Das wagt so ein Mensch
einem Offizier ins Gesicht zu sagen! Wenn ich mich nur
erinnern könnt', was ich d'rauf geantwortet hab'? ... Ah
ja, etwas von Leuten, die sich in Dinge dreinmengen, von
denen sie nichts versteh'n ... Ja, richtig ... und dann war
einer da, der hat die Sache gütlich beilegen wollen, ein
älterer Herr mit einem Stockschnupfen[2] ... Aber ich war
zu wütend! Der Doktor hat das absolut in dem Ton gesagt,
als wenn er direkt mich gemeint hätt'. Er hätt' nur noch
sagen müssen, dass sie mich aus dem Gymnasium
hinausg'schmissen haben und dass ich deswegen in die
Kadettenschul' gesteckt worden bin ... Die Leut' können
eben unserein'n nicht versteh'n, sie sind zu dumm dazu
... Wenn ich mich so erinner', wie ich das erste Mal den
Rock angehabt hab', so was erlebt eben nicht ein jeder ...
Im vorigen Jahr' bei den Manövern – ich hätt' was drum
gegeben, wenn's plötzlich Ernst gewesen wär' ... Und der
Mirovic hat mir g'sagt, es ist ihm ebenso gegangen. Und
dann, wie Seine Hoheit die Front abgeritten sind, und die
Ansprache vom Obersten – da muss einer schon ein or-

[1] Die Kadettenschulen der österreichisch-ungarischen Monarchie,
die allen 14-Jährigen mit normaler Schulbildung offen standen, boten vor allem für die Söhne aus dem kleinen und mittleren Bürgertum Aufstiegschancen. Als Aufsteiger oder Klassenwechsler
standen diese aus den Kadettenschulen hervorgegangenen mittel-
ständischen Offiziere dem traditionell adeligen Offizierskorps, aber
auch den Zivilisten aus dem gehobenen Bürgertum gegenüber,
allerdings oft in einer prekären, konfliktreichen Situation (vgl. dazu Knilli, 1976, S. 148). Der aus kleinen Verhältnissen stammende
Gustl verkörpert idealtypisch den Klassenaufsteiger mithilfe der
militärischen Laufbahn (Zitiert nach: Arthur Schnitzler, Lieutenant
Gustl. Hrg. von Konstanze Fliedl. Mit Anmerkungen und Literaturhinweisen von Evelyne Polt-Heinzl. Stuttgart 2002 [Reclam], S. 51).
[2] hartnäckiger Schnupfen

dentlicher Lump sein, wenn ihm das Herz nicht höher
schlägt ... Und da kommt so ein Tintenfisch daher, der sein
Lebtag nichts getan hat, als hinter den Büchern gesessen,
und erlaubt sich eine freche Bemerkung! ... Ah, wart' nur,
5 mein Lieber – bis zur Kampfunfähigkeit ... jawohl, Du
sollst so kampfunfähig werden ...
Ja, was ist denn? Jetzt muss es doch bald aus sein? ... „Ihr,
seine Engel, lobet den Herrn"[1] ... – Freilich, das ist der
Schlusschor ... Wunderschön, da kann man gar nichts
10 sagen. Wunderschön! – Jetzt hab' ich ganz die aus der
Loge vergessen, die früher zu kokettieren angefangen hat.
Wo ist sie denn? ... Schon fortgegangen ... Die dort scheint
auch sehr nett zu sein ... Zu dumm, dass ich keinen Operngucker bei mir hab'! Der Brunnthaler ist ganz gescheit, der
15 hat sein Glas immer im Kaffeehaus bei der Kassa liegen,
da kann einem nichts g'scheh'n ... Wenn sich die Kleine
da vor mir nur e i n m a l umdreh'n möcht'! So brav sitzt s'
alleweil da. Das neben ihr ist sicher die Mama. – Ob ich
nicht doch einmal ernstlich an's Heiraten denken soll? Der
20 Willy war nicht älter als ich, wie er hineingesprungen ist.
Hat schon was für sich, so immer gleich ein hübsches
Weiberl zu Haus vorrätig zu haben ... Zu dumm, dass die
Steffi grad' heut' keine Zeit hat! Wenn ich wenigstens
wüsste, wo sie ist, möcht' ich mich wieder vis-à-vis von
25 ihr hinsetzen. Das wär' eine schöne G'schicht', wenn ihr
der d'raufkommen[2] möcht', da hätt' i c h sie am Hals ...
Wenn ich so denk', was dem Fließ sein Verhältnis mit der
Winterfeld kostet! Und dabei betrügt sie ihn hinten und
vorn. Das nimmt noch einmal ein Ende mit Schrecken ...
30 Bravo, bravo! Ah, aus! ... So, das tut wohl, aufsteh'n können, sich rühren ... Na, vielleicht! Wie lang' wird der da
noch brauchen, um sein Glas ins Futteral zu stecken? ...
„Pardon, pardon, wollen mich nicht hinauslassen?" ...
Ist das ein Gedränge! Lassen wir die Leut' lieber vorbeipas-
35 sieren ... Elegante Person ... ob das echte Brillanten sind?
... Die da ist nett ... Wie sie mich anschaut! ... O ja, mein
Fräulein, ich möcht' schon! ... O, die Nase! – Jüdin ... Noch

---

[1] Schlusszeile aus dem Oratorium „Paulus"
[2] dahinterkommen

eine … Es ist doch fabelhaft, da sind auch die Hälfte Juden
… nicht einmal ein Oratorium kann man mehr in Ruhe
genießen … So, jetzt schließen wir uns an … Warum drängt
denn der Idiot hinter mir? Das werd' ich ihm abgewöhnen
… Ah, ein älterer Herr! … Wer grüßt mich denn dort von 5
drüben? … Habe die Ehre, habe die Ehre! Keine Ahnung
hab' ich, wer das ist … Das Einfachste wär', ich ging gleich
zum Leidinger[1] hinüber nachtmahlen … oder soll ich in die
Gartenbaugesellschaft? Am End' ist die Steffi auch dort?
Warum hat sie mir eigentlich nicht geschrieben, wohin sie 10
mit ihm geht? Sie wird's selber noch nicht gewusst haben.
Eigentlich schrecklich, so eine abhängige Existenz … Armes Ding! – So, da ist der Ausgang … Ah, die ist aber
bildschön! Ganz allein? Wie sie mich anlacht. Das wär' eine
Idee, der geh' ich nach! … So, jetzt die Treppen hinunter … 15
Oh, ein Major von Fünfundneunzig[2] … Sehr liebenswürdig
hat er gedankt … Bin doch nicht der einzige Offizier herin
gewesen … Wo ist denn das hübsche Mädel? Ah, dort …
am Geländer steht sie … So, jetzt heißt's noch zur Garderobe … Dass mir die Kleine nicht auskommt … Hat ihm 20
schon! So ein elender Fratz! Lasst sich da von einem Herrn
abholen, und jetzt lacht sie noch auf mich herüber! – Es ist
doch keine was wert … Herrgott, ist das ein Gedränge bei
der Garderobe! … Warten wir lieber noch ein bisserl … So!
Ob der Blödist meine Nummer nehmen möcht'? … 25
„Sie, zweihundertvierundzwanzig! Da hängt er! Na, hab'n
Sie keine Augen? Da hängt er! Na, Gott sei Dank! … Also
bitte!" … Der Dicke da verstellt einem schier die ganze
Garderobe … „Bitte sehr!" …
„„Geduld, Geduld!"" 30
Was sagt der Kerl?
„„Nur ein bisserl Geduld!""
Dem muss ich doch antworten … „Machen Sie doch
Platz!"
„„Na, Sie werden's auch nicht versäumen!"" 35
Was sagt er da? Sagt er das zu mir? Das ist doch stark! Das
kann ich mir nicht gefallen lassen! „Ruhig!"

---

[1] Restaurant im 1. Bezirk
[2] Major des galizischen Infanterieregiments Nr. 95

„„Was meinen Sie?"""
Ah, so ein Ton! Da hört sich doch alles auf!
„„Stoßen Sie nicht!"""
„Sie, halten Sie das Maul!" Das hätt' ich nicht sagen sollen,
5 ich war zu grob ... Na, jetzt ist's schon g'scheh'n!
„„Wie meinen?"""
Jetzt dreht er sich um ... Den kenn' ich ja! – Donnerwetter,
das ist ja der Bäckermeister, der immer ins Kaffeehaus
kommt ... Was macht denn der da? Hat sicher auch eine
10 Tochter oder so was bei der Singakademie ... Ja, was ist
denn das? Ja, was macht er denn? Mir scheint gar ... ja,
meiner Seel', er hat den Griff von meinem Säbel in der
Hand ... Ja, ist der Kerl verrückt? ... „Sie, Herr ..."
„„Sie, Herr Lieutenant, sein S' jetzt ganz stad[1]."""
15 Was sagt er da? Um Gottes willen, es hat's doch keiner
gehört? Nein, er red't ganz leise ... Ja, warum lasst er denn
meinen Säbel net aus? ... Herrgott noch einmal ... Ah, da
heißt's rabiat sein ... ich bring' seine Hand vom Griff nicht
weg ... nur keinen Skandal jetzt! ... Ist nicht am End' der
20 Major hinter mir? ... Bemerkt's nur niemand, dass er den
Griff von meinem Säbel hält? Er red't ja zu mir! Was red't
er denn?
„„Herr Lieutenant, wenn Sie das geringste Aufsehen machen, so zieh' ich den Säbel aus der Scheide, zerbrech' ihn
25 und schick' die Stück' an Ihr Regimentskommando.
Versteh'n Sie mich, Sie dummer Bub?"""
Was hat er g'sagt? Mir scheint, ich träum'! Red't er wirklich zu mir? Ich sollt' was antworten ... Aber der Kerl
macht ja Ernst – der zieht wirklich den Säbel heraus. Herr-
30 gott – er tut's! ... Ich spür's, er reißt schon dran! Was red't
er denn? ... Um Gottes willen, nur kein' Skandal – – Was
red't er denn noch immer?
„„Aber ich will Ihnen die Karriere nicht verderben ... Also,
schön brav sein! ... So, hab'n S' keine Angst, 's hat niemand
35 was gehört ... es ist schon alles gut ... so! Und damit keiner
glaubt, dass wir uns gestritten haben, werd' ich jetzt sehr
freundlich mit Ihnen sein! – Habe die Ehre, Herr Lieutenant, hat mich sehr gefreut – habe die Ehre!"""

---

[1] österr.: ganz ruhig

Um Gottes willen, hab' ich geträumt? ... Hat er das wirklich gesagt? ... Wo ist er denn? ... Da geht er ... Ich müsst'
ja den Säbel ziehen und ihn zusammenhauen – – Um Gottes willen, es hat's doch niemand gehört? ... Nein, er hat
ja nur ganz leise geredet, mir ins Ohr ... Warum geh' ich 5
denn nicht hin und hau' ihm den Schädel auseinander? ...
Nein, es geht ja nicht, es geht ja nicht ... gleich hätt' ich's
tun müssen ... Warum hab' ich's denn nicht gleich getan?
... Ich hab's ja nicht können ... er hat ja den Griff nicht
auslassen, und er ist zehnmal stärker als ich ... Wenn ich 10
noch ein Wort gesagt hätt', hätt' er mir wirklich den Säbel
zerbrochen ... Ich muss ja noch froh sein, dass er nicht laut
geredet hat! Wenn's ein Mensch gehört hätt', so müsst' ich
mich ja stante pede[1] erschießen ... Vielleicht ist es doch ein
Traum gewesen ... Warum schaut mich denn der Herr 15
dort an der Säule so an? – hat der am End' was gehört? ...
Ich werd' ihn fragen ... Fragen? – Ich bin ja verrückt! – Wie
schau' ich denn aus? – Merkt man mir was an? – Ich muss
ganz blass sein. – Wo ist der Hund? ... Ich muss ihn umbringen! ... Fort ist er ... Überhaupt schon ganz leer... Wo 20
ist denn mein Mantel? ... Ich hab' ihn ja schon angezogen
... Ich hab's gar nicht gemerkt ... Wer hat mir denn geholfen? ... Ah, der da ... dem muss ich ein Sechserl geben ...
So! ... Aber was ist denn das? Ist es denn wirklich
gescheh'n? Hat wirklich einer so zu mir geredet? Hat mir 25
wirklich einer „dummer Bub" gesagt? Und ich hab' ihn
nicht auf der Stelle zusammengehauen? ... Aber ich hab'
ja nicht können ... er hat ja eine Faust gehabt wie Eisen ...
ich bin ja dagestanden wie angenagelt ... Nein, ich muss
den Verstand verloren gehabt haben, sonst hätt' ich mit 30
der anderen Hand ... Aber da hätt' er ja meinen Säbel
herausgezogen und zerbrochen, und aus wär's gewesen
– Alles wär' aus gewesen! Und nachher, wie er fortgegangen ist, war's zu spät ... ich hab' ihm doch nicht den Säbel
von hinten in den Leib rennen können ... 35
Was, ich bin schon auf der Straße? Wie bin ich denn da
herausgekommen? – So kühl ist es ... ah, der Wind, der ist

---

[1] lat.: stehenden Fußes, auf der Stelle

gut … Wer ist denn das da drüben? Warum schau'n denn
die zu mir herüber? Am End' haben die was gehört …
Nein, es kann niemand was gehört haben … ich weiß ja,
ich hab' mich gleich nachher umgeschaut! Keiner hat sich
5 um mich gekümmert, niemand hat was gehört … Aber
gesagt hat er's, wenn's auch niemand gehört hat; gesagt
hat er's doch. Und ich bin dagestanden und hab' mir's
gefallen lassen, wie wenn mich einer vor den Kopf ge-
schlagen hätt'! … Aber ich hab' ja nichts sagen können,
10 nichts tun können; es war ja noch das Einzige, was mir
übrig geblieben ist: stad sein, stad sein! … 's ist fürchter-
lich, es ist nicht zum Aushalten; ich muss ihn totschlagen,
wo ich ihn treff! … Mir sagt das einer! Mir sagt das so ein
Kerl, so ein Hund! Und er kennt mich … Herrgott noch
15 einmal, er kennt mich, er weiß, wer ich bin! … Er kann
jedem Menschen erzählen, dass er mir das g'sagt hat! …
Nein, nein, das wird er ja nicht tun, sonst hätt' er auch
nicht so leise geredet … er hat auch nur wollen, dass ich
es allein hör'! … Aber wer garantiert mir, dass er's nicht
20 doch erzählt, heut' oder morgen, seiner Frau, seiner Tochter, seinen Bekannten im Kaffeehaus. – – Um Gottes willen, morgen seh' ich ihn ja wieder! Wenn ich morgen ins
Kaffeehaus komm', sitzt er wieder dort wie alle Tag' und
spielt seinen Tapper[1] mit dem Herrn Schlesinger und mit
25 dem Kunstblumenhändler … Nein, nein, das geht ja nicht,
das geht ja nicht … Wenn ich ihn seh', so hau' ich ihn
zusammen … Nein, das darf ich ja nicht … gleich hätt'
ich's tun müssen, gleich! … Wenn's nur gegangen wär'!
… Ich werd' zum Obersten geh'n und ihm die Sache mel-
30 den … ja, zum Obersten … Der Oberst ist immer sehr
freundlich – und ich werd' ihm sagen: Herr Oberst, ich
melde gehorsamst, er hat den Griff gehalten, er hat ihn
nicht aus'lassen; es war genau so, als wenn ich ohne Waffe gewesen wäre … – Was wird der Oberst sagen? – Was
35 er sagen wird? – Aber da gibt's ja nur eins: quittieren mit
Schimpf und Schand' – quittieren! … Sind das Freiwillige[2]

---

[1] Tapp-Tarock: skatähnliches Kartenspiel
[2] Wehrpflichtige mit höherer Schulbildung, die sich freiwillig zum
Militärdienst gemeldet haben

da drüben? … Ekelhaft, bei der Nacht schau'n sie aus, wie
Offiziere … sie salutieren! – Wenn die wüssten – wenn die
wüssten! … – Da ist das Café Hochleitner … Sind jetzt
gewiss ein paar Kameraden drin … vielleicht auch einer
oder der andere, den ich kenn' … Wenn ich's dem ersten 5
Besten erzählen möcht', aber so, als wär's einem andern
passiert? … – Ich bin ja schon ganz irrsinnig … Wo lauf'
ich denn da herum? Was tu' ich denn auf der Straße? – Ja,
aber wo soll ich denn hin? Hab' ich nicht zum Leidinger
wollen? Haha, unter Menschen mich niedersetzen … ich 10
glaub', ein jeder müsst mir's anseh'n … Ja, aber irgendwas
muss doch gescheh'n … Was soll denn gescheh'n? …
Nichts, nichts – es hat ja niemand was gehört … es weiß
ja niemand was … in dem Moment weiß niemand was …
Wenn ich jetzt zu ihm in die Wohnung ginge und ihn be- 15
schwören möchte, dass er's niemandem erzählt? … – Ah,
lieber gleich eine Kugel vor den Kopf, als so was! … Wär'
so das Gescheiteste! … Das Gescheiteste? Das Gescheiteste? – Gibt ja überhaupt nichts anderes … gibt nichts anderes … Wenn ich den Oberst fragen möcht', oder den Ko- 20
petzky – oder den Blany – oder den Friedmaier – Jeder
möcht' sagen: Es bleibt Dir nichts anderes übrig! … Wie
wär's, wenn ich mit dem Kopetzky spräch'? … Ja, es wär'
doch das Vernünftigste … schon wegen morgen … Ja,
natürlich – wegen morgen … um vier in der Reiterkasern' 25
… ich soll mich ja morgen um vier Uhr schlagen … und
ich darf's ja nimmer, ich bin satisfaktionsunfähig[1] … Unsinn! Unsinn! Kein Mensch weiß was, kein Mensch weiß
was! – Es laufen viele herum, denen ärgere Sachen passiert
sind, als mir … Was hat man nicht alles von dem Deckener 30
erzählt, wie er sich mit dem Rederow geschossen hat …
und der Ehrenrat hat entschieden, das Duell darf stattfinden … Aber wie möcht' der Ehrenrat bei mir entscheiden?
– Dummer Bub – dummer Bub … und ich bin dagestanden
–! heiliger Himmel, es ist doch ganz egal, ob ein anderer 35
was weiß! … I c h weiß es doch, und das ist die Hauptsa-
che! I c h spür', dass ich jetzt wer anderer bin, als vor einer

---

[1] G. hat nach dem Ehrenkodex der Armee kein Recht mehr, sich zu
duellieren.

Stunde – I c h weiß, dass ich satisfaktionsunfähig bin, und
darum muss ich mich totschießen … Keine ruhige Minute
hätt' ich mehr im Leben … immer hätt' ich die Angst, dass
es doch einer erfahren könnt', so oder so … und dass mir's
5 einer einmal ins Gesicht sagt, was heut' Abend gescheh'n
ist! – Was für ein glücklicher Mensch bin ich vor einer
Stund' gewesen … Muss mir der Kopetzky die Karte
schenken – und die Steffi muss mir absagen, das Mensch[1]!
– Von so was hängt man ab … Nachmittag war noch alles
10 gut und schön, und jetzt bin ich ein verlorener Mensch
und muss mich totschießen … Warum renn' ich denn so?
Es lauft mir ja nichts davon … Wie viel schlagt's denn? …
1, 2, 3, 4, 5, 6, 7, 8, 9, 10, 11 … elf, elf … ich sollt' doch
nachtmahlen geh'n! Irgendwo muss ich doch schließlich
15 hingeh'n … ich könnt' mich ja in irgendein Beisl[2] setzen,
wo mich kein Mensch kennt – schließlich, essen muss der
Mensch, auch wenn er sich nachher gleich totschießt …
Haha, der Tod ist ja kein Kinderspiel … wer hat das nur
neulich gesagt? … Aber das ist ja ganz egal …
20 Ich möcht' wissen, wer sich am meisten kränken möcht'?
… die Mama, oder die Steffi? … die Steffi … Gott, die Steffi … die dürft' sich ja nicht einmal was anmerken lassen,
sonst gibt „er" ihr den Abschied … Arme Person! – Beim
Regiment – kein Mensch hätt' eine Ahnung, warum ich's
25 getan hab' … sie täten sich alle den Kopf zerbrechen …
warum hat sich denn der Gustl umgebracht? – Darauf
möcht' keiner kommen, dass ich mich hab' totschießen
müssen, weil ein elender Bäckermeister, so ein niederträchtiger, der zufällig stärkere Fäust' hat … es ist ja zu dumm,
30 zu dumm! – Deswegen soll ein Kerl wie ich, so ein junger,
fescher Mensch … Ja, nachher möchten's gewiss alle sagen:
das hätt' er doch nicht tun müssen, wegen so einer Dumm-
heit; ist doch schad'! … Aber wenn ich jetzt wen immer
fragen tät', jeder möcht' mir die gleiche Antwort geben …
35 und ich selber, wenn ich mich frag' … das ist doch zum
Teufelholen … ganz wehrlos sind wir gegen die Zivilisten
… Da meinen die Leut', wir sind besser dran, weil wir einen

---

[1] Plural: Menscher; abwertende Bezeichnung für junge Frauen
[2] österr.: Gaststätte

Säbel haben … und wenn schon einmal einer von der Waffe Gebrauch macht, geht's über uns her, als wenn wir alle
die geborenen Mörder wären … In der Zeitung möcht's
auch stehn: … „Selbstmord eines jungen Offiziers" … Wie
schreiben sie nur immer? … „Die Motive sind in Dunkel 5
gehüllt" … Haha! … „An seinem Sarge trauern" … – Aber
es ist ja wahr … mir ist immer, als wenn ich mir eine Geschichte erzählen möcht' … aber es ist wahr … ich muss
mich umbringen, es bleibt mir ja nichts anderes übrig – ich
kann's ja drauf ankommen lassen, dass morgen früh 10
der Kopetzky und der Blany mir ihr Mandat[1] zurückgeben
und mir sagen: wir können Dir nicht sekundieren![2] … Ich
wär' ja ein Schuft, wenn ich's ihnen zumuten möcht'… So
ein Kerl wie ich, der dasteht und sich einen dummen Buben
heißen lässt … morgen wissen's ja alle Leut' … das ist zu 15
dumm, dass ich mir einen Moment einbilde, so ein Mensch
erzählt's nicht weiter … überall wird er's erzählen … seine
Frau weiß's jetzt schon … morgen weiß es das ganze Kaffeehaus … die Kellner werd'n's wissen … der Herr Schlesinger – die Kassiererin – – Und selbst, wenn er sich vorge- 20
nommen hat, er red't nicht davon, so sagt er's übermorgen
… und wenn er's übermorgen nicht sagt, in einer Woche …
Und wenn ihn heut' Nacht der Schlag trifft, so weiß ich's
… ich weiß es … und ich bin nicht der Mensch, der weiter
den Rock trägt und den Säbel, wenn ein solcher Schimpf 25
auf ihm sitzt! … So, ich muss es tun, und Schluss! – Was ist
weiter dabei? – Morgen Nachmittag könnt' mich der Doktor mit 'm Säbel erschlagen … so was ist schon einmal da
gewesen … und der Bauer, der arme Kerl, der hat eine
Gehirnentzündung 'kriegt und war in drei Tagen hin … 30
und der Brenitsch ist vom Pferd gestürzt und hat sich's
Genick gebrochen … und schließlich und endlich: es gibt
nichts anderes – für mich nicht, für mich nicht! – Es gibt ja
Leut', die's leichter nähmen … Gott, was gibt's für Menschen! … Dem Ringeimer hat ein Fleischselcher[3], wie er ihn 35

---

[1] Ein Duellant erteilt zwei Sekundanten ein Mandat.
[2] Sekundant: beim Duell als Überbringer der Forderung und als Zeu-
     ge fungierende Person (s. Anhang, S. 66 ff.)
[3] selchen: räuchern

mit seiner Frau erwischt hat, eine Ohrfeige gegeben, und
er hat quittiert und sitzt irgendwo auf'm Land und hat
geheiratet ... Dass es Weiber gibt, die so einen Menschen
heiraten! ... – Meiner Seel', ich gäb' ihm nicht die Hand,
5 wenn er wieder nach Wien käm' ... Also, hast's gehört,
Gustl: – aus, aus, abgeschlossen mit dem Leben! Punktum
und Streusand drauf! ... So, jetzt weiß ich's, die Geschichte
ist ganz einfach ... So! Ich bin eigentlich ganz ruhig ... Das
hab' ich übrigens immer gewusst: wenn's einmal dazu
10 kommt, werd' ich ruhig sein, ganz ruhig ... aber dass es so
dazu kommt, das hab' ich doch nicht gedacht ... dass ich
mich umbringen muss, weil so ein ... Vielleicht hab' ich ihn
doch nicht recht verstanden ... am End' hat er ganz was
anderes gesagt ... Ich war ja ganz blöd von der Singerei und
15 der Hitz' ... vielleicht bin ich verrückt gewesen, und es ist
alles gar nicht wahr? ... Nicht wahr, haha, nicht wahr! – Ich
hör's ja noch ... es klingt mir noch immer im Ohr ... und
ich spür's in den Fingern, wie ich seine Hand vom Säbel-
griff hab' wegbringen wollen ... Ein Kraftmensch ist er, ein
20 Jagendorfer[1] ... Ich bin doch auch kein Schwächling ... der
Franziski ist der Einzige im Regiment, der stärker ist als
ich ...
Die Aspernbrücke[2] ... Wie weit renn' ich denn noch? –
Wenn ich so weiterrenn', bin ich um Mitternacht in Ka-
25 gran[3] ... Haha! – Herrgott, froh sind wir gewesen, wie wir
im vorigen September dort eingerückt sind. Noch zwei
Stunden, und Wien ... todmüd' war ich, wie wir angekommen sind ... den ganzen Nachmittag hab' ich geschlafen
wie ein Stock, und am Abend waren wir schon beim Ro-
30 nacher[4] ... der Kopetzky, der Ladinser und ... wer war
denn nur noch mit uns? – Ja, richtig, der Freiwillige, der
uns auf dem Marsch die jüdischen Anekdoten erzählt hat
... Manchmal sind's ganz nette Burschen, die Einjährigen[5]
... aber sie sollten alle nur Stellvertreter werden – denn

---

1 Georg J., ein bekannter Athlet und Ringkämpfer
2 Brücke über den Donaukanal (s. Anhang, S. 109)
3 Gemeinde im Norden von Wien
4 Vergnügungslokal
5 Reserveoffizier (Akademiker)

was hat das für einen Sinn? Wir müssen uns jahrelang plagen, und so ein Kerl dient ein Jahr und hat genau dieselbe Distinktion[1] wie wir … es ist eine Ungerechtigkeit! – Aber was geht mich denn das alles an? – Was scher' ich mich denn um solche Sachen? – Ein Gemeiner[2] von der Verpflegsbranche ist ja jetzt mehr als ich … ich bin ja überhaupt nicht mehr auf der Welt … es ist ja aus mit mir… Ehre verloren, alles verloren! … Ich hab' ja nichts anderes zu tun, als meinen Revolver zu laden und … Gustl, Gustl, mir scheint, Du glaubst noch immer nicht recht dran? Komm' nur zur Besinnung … es gibt nichts anderes … wenn Du auch Dein Gehirn zermarterst, es gibt nichts anderes! – Jetzt heißt's nur mehr, im letzten Moment sich anständig benehmen, ein Mann sein, ein Offizier sein, sodass der Oberst sagt: Er ist ein braver Kerl gewesen, wir werden ihm ein treues Angedenken bewahren! … Wie viel Kompanien rücken denn aus beim Leichenbegängnis von einem Lieutenant? … Das müsst' ich eigentlich wissen … Haha! wenn das ganze Bataillon ausrückt, oder die ganze Garnison, und sie feuern zwanzig Salven ab, davon wach' ich doch nimmer auf! – Vor dem Kaffeehaus, da bin ich im vorigen Sommer einmal mit dem Herrn von Engel gesessen, nach der Armee-Steeple-Chase[3] … Komisch, den Menschen hab' ich seitdem nie wieder geseh'n … Warum hat er denn das linke Aug' verbunden gehabt? Ich hab' ihn immer drum fragen wollen, aber es hätt' sich nicht gehört … Da geh'n zwei Artilleristen … die denken gewiss, ich steig' der Person nach … Muss sie mir übrigens anseh'n … O schrecklich! – Ich möcht' nur wissen, wie sich so eine ihr Brot verdient … da möcht' ich doch eher … Obzwar, in der Not frisst der Teufel Fliegen … in Przemysl[4] – mir hat's nachher so gegraut, dass ich gemeint hab', nie wieder rühr' ich ein Frauenzimmer an … Das war eine grässliche Zeit da oben in Galizien … eigentlich ein Mordsglück, dass wir nach Wien gekommen sind. Der Bokorny sitzt

---

[1] Auszeichnung, Rang (österr. Rangabzeichen)
[2] einfacher Soldat
[3] Pferderennen
[4] Stadt in Galizien

noch immer in Sambor[1] und kann noch zehn Jahr' dort
sitzen und alt und grau werden ... Aber wenn ich dort
geblieben wär', wär' mir das nicht passiert, was mir heut'
passiert ist ... und ich möcht' lieber in Galizien alt und
5 grau werden, als dass ... als was? als was? – Ja, was ist
denn? was ist denn? – Bin ich denn wahnsinnig, dass ich
das immer vergess'? – Ja, meiner Seel', vergessen tu' ich's
jeden Moment ... ist das schon je erhört worden, dass sich
einer in ein paar Stunden eine Kugel durch'n Kopf jagen
10 muss, und er denkt an alle möglichen Sachen, die ihn gar
nichts mehr angeh'n? Meiner Seel', mir ist gerade so, als
wenn ich einen Rausch hätt'! Haha! ein schöner Rausch!
ein Mordsrausch! ein Selbstmordsrausch! – Ha! Witze
mach' ich, das ist sehr gut! – Ja, ganz gut aufgelegt bin ich
15 – so was muss doch angeboren sein ... Wahrhaftig, wenn
ich's einem erzählen möcht', er würd' es nicht glauben. –
Mir scheint, wenn ich das Ding bei mir hätt' ... Jetzt würd'
ich abdrücken – in einer Sekunde ist alles vorbei ... Nicht
jeder hat's so gut – andere müssen sich monatelang plagen
20 ... meine arme Cousin', zwei Jahr' ist sie gelegen, hat sich
nicht rühren können, hat die grässlichsten Schmerzen
g'habt – so ein Jammer! ... Ist es nicht besser, wenn man
das selber besorgt? Nur Obacht geben heißt's, gut zielen,
dass einem nicht am End' das Malheur passiert, wie dem
25 Kadett-Stellvertreter im vorigen Jahr ... Der arme Teufel,
gestorben ist er nicht, aber blind ist er geworden ... Was
mit dem nur geschehen ist? Wo er jetzt lebt? – Schrecklich,
so herumlaufen, wie der – das heißt: herumlaufen kann er
nicht, g'führt muss er werden – so ein junger Mensch,
30 kann heut' noch keine zwanzig sein ... seine Geliebte hat
er besser getroffen ... gleich war sie tot ... Unglaublich,
weswegen sich die Leut' totschießen! Wie kann man überhaupt nur eifersüchtig sein? ... Mein Lebtag hab' ich so
was nicht gekannt. ... Die Steffi ist jetzt gemütlich in der
35 Gartenbaugesellschaft; dann geht sie mit „ihm" nach
Haus ... Nichts liegt mir dran, gar nichts! Hübsche Ein-
richtung hat sie – das kleine Badezimmer mit der roten
Latern'. – Wie sie neulich in dem grünseidenen Schlafrock

---

[1] Kreisstadt in Galizien

hereingekommen ist … den grünen Schlafrock werd' ich
auch nimmer seh'n – und die ganze Steffi auch nicht …
und die schöne, breite Treppe in der Gusshausstraße werd'
ich auch nimmer hinaufgeh'n … Das Fräulein Steffi wird
sich weiter amüsieren, als wenn gar nichts gescheh'n wär' 5
… nicht einmal erzählen darf sie's wem, dass ihr lieber
Gustl sich umgebracht hat … Aber weinen wird s' schon
– ah ja, weinen wird s' … Überhaupt, weinen werden gar
viele Leut' … Um Gottes willen, die Mama! – Nein, nein,
daran darf ich nicht denken. – Ah, nein, daran darf absolut 10
nicht gedacht werden … An Zuhaus wird nicht gedacht,
Gustl, verstanden? – nicht mit dem allerleisesten Gedanken …
Das ist nicht schlecht, jetzt bin ich gar im Prater[1] … mitten
in der Nacht … das hätt' ich mir auch nicht gedacht in der 15
Früh', dass ich heut' Nacht im Prater spazieren gehn werd'
… Was sich der Sicherheitswachmann dort denkt? … Na,
geh'n wir nur weiter … es ist ganz schön … Mit'm Nachtmahlen ist's eh' nichts, mit dem Kaffeehaus auch nichts; die
Luft ist angenehm, und ruhig ist es … sehr … Zwar, ruhig 20
werd' ich's jetzt bald haben, so ruhig, als ich's mir nur
wünschen kann. Haha! – aber ich bin ja ganz außer Atem
… ich bin ja gerannt wie nicht g'scheit … langsamer, langsamer, Gustl, versäumst nichts, hast gar nichts mehr zu tun
– gar nichts, aber absolut nichts mehr! – Mir scheint gar, ich 25
fröstel'? – Es wird halt doch die Aufregung sein … dann
hab' ich ja nichts gegessen … Was riecht denn da so eigen-
tümlich? … es kann doch noch nichts blühen? … Was haben
wir denn heut'? – den vierten April … freilich, es hat viel
geregnet in den letzten Tagen … aber die Bäume sind bei- 30
nah' noch ganz kahl … und dunkel ist es, hu! man könnt'
schier Angst kriegen … Das ist eigentlich das einzige Mal
in meinem Leben, dass ich Furcht gehabt hab', als kleiner
Bub, damals im Wald … aber ich war ja gar nicht so klein
… vierzehn oder fünfzehn … Wie lang' ist das jetzt her? – 35
neun Jahr' … freilich – mit achtzehn war ich Stellvertreter,
mit zwanzig Lieutenant … und im nächsten Jahr werd' ich
… Was werd' ich im nächsten Jahr? Was heißt das über-

---

[1] bekannter Volkspark und Vergnügungspark im Nordosten Wiens

haupt: nächstes Jahr? Was heißt das: in der nächsten Woche? Was heißt das: übermorgen? … Wie? Zähneklappern? Oho! – Na, lassen wir's nur ein bissl klappern … Herr Lieutenant, Sie sind jetzt allein, brauchen niemandem einen
5 Pflanz vorzumachen[1] … es ist bitter, es ist bitter …
Ich will mich auf die Bank setzen … Ah! – wie weit bin ich denn da? – So eine Dunkelheit! Das da hinter mir, das muss das zweite Kaffeehaus sein … bin ich im vorigen Sommer auch einmal gewesen, wie unsere Kapelle konzertiert hat
10 … mit'm Kopetzky und mit'm Rüttner – noch ein paar waren dabei … – Ich bin aber müd'… nein, ich bin müd', als wenn ich einen Marsch von zehn Stunden gemacht hätt' … Ja, das wär' so was, da einschlafen. – Ha! ein obdachloser Lieutenant … Ja, ich sollt' doch eigentlich nach Haus … was
15 tu' ich denn zu Haus? aber was tu' ich denn im Prater? – Ah, mir wär' am liebsten, ich müsst' gar nicht aufstehn – da einschlafen und nimmer aufwachen … ja, das wär' halt bequem! – Nein, so bequem wird's Ihnen nicht gemacht, Herr Lieutenant … Aber wie und wann? – Jetzt könnt' ich
20 mir doch endlich einmal die Geschichte ordentlich überlegen … überlegt muss ja alles werden … so ist es schon einmal im Leben … Also überlegen wir … Was denn? … – Nein, ist die Luft gut … man sollt' öfters bei der Nacht in' Prater gehn … Ja, das hätt' mir eben früher einfallen müs
25 sen, jetzt ist's aus mit'm Prater, mit der Luft und mit'm Spazierengeh'n … Ja, also was ist denn? – Ah, fort mit dem Kappl; mir scheint, das drückt mir aufs Gehirn … ich kann ja gar nicht ordentlich denken … Ah … so! … also jetzt Verstand zusammennehmen, Gustl … letzte Verfügungen
30 treffen! Also morgen früh wird Schluss gemacht … morgen früh um sieben Uhr … sieben Uhr ist eine schöne Stund'. Haha! – also um acht, wenn die Schul'[2] anfangt, ist alles vorbei … der Kopetzky wird aber keine Schul' halten können, weil er zu sehr erschüttert sein wird … Aber vielleicht
35 weiß er's noch gar nicht … man braucht ja nichts zu hören … Den Max Lippay haben sie auch erst am Nachmittag gefunden, und in der Früh' hat er sich erschossen, und kein

---

[1] österr.: jemandem etwas vormachen
[2] theoretische Ausbildung beim Militär

Mensch hat was davon gehört … Aber was geht mich das
an, ob der Kopetzky Schul' halten wird oder nicht? … Ha!
– also um sieben Uhr! – Ja … na, was denn noch? … Weiter
ist ja nichts zu überlegen. Im Zimmer schieß' ich mich tot,
und dann is basta! Montag ist die Leich'[1] … Einen kenn' [5]
ich, der wird eine Freud' haben: das ist der Doktor … Duell
kann nicht stattfinden wegen Selbstmord des einen Kom-
battanten[2] … Was sie bei Mannheimers sagen werden? –
Na, er wird sich nicht viel draus machen … aber die Frau,
die hübsche, blonde … mit war was zu machen … O ja, [10]
mir scheint, bei der hätt' ich Chance gehabt, wenn ich mich
nur ein bissl zusammengenommen hätt' … ja, das wär'
doch was anders gewesen, als die Steffi, dieses Mensch …
Aber faul darf man halt nicht sein … da heißt's: Kour machen[3], Blumen schicken, vernünftig reden … das geht nicht [15]
so, dass man sagt: Komm' morgen Nachmittag zu mir in
die Kasern'! … Ja, so eine anständige Frau, das wär' halt
was g'wesen … Die Frau von meinem Hauptmann in Przemysl, das war ja doch keine anständige Frau … ich könnt'
schwören: der Libitzky und der Wermutek und der schä- [20]
bige Stellvertreter, der hat sie auch g'habt … Aber die Frau
Mannheimer … ja, das wär' was anders, das wär' doch
auch ein Umgang gewesen, das hätt' einen beinah' zu
einem andern Menschen gemacht – da hätt' man doch noch
einen andern Schliff gekriegt[4] – da hätt' man einen Respekt [25]
vor sich selber haben dürfen. – – Aber ewig diese Menscher
… und so jung hab' ich ang'fangen – ein Bub war ich ja
noch, wie ich damals den ersten Urlaub gehabt hab' und in
Graz[5] bei den Eltern zu Haus war … der Riedl war auch
dabei – eine Böhmin ist es gewesen … die muss doppelt so [30]
alt gewesen sein wie ich – in der Früh bin ich erst nach Haus
gekommen … Wie mich der Vater ang'schaut hat … und

---

[1] Montag ist das Begräbnis.
[2] hier: Duellgegner
[3] den Hof machen
[4] eigentlich militär.: Drill. Gustl überträgt das militär. Vokabular auf
     die zivile Welt: Umgangsformen, Lebensart.
[5] Hauptstadt des österreich. Bundeslands Steiermark, etwa 200 km
     südlich von Wien; zur Zeit der Monarchie beliebter Wohnort von
     Beamten im Ruhestand

die Klara … Vor der Klara hab' ich mich am meisten
g'schämt … Damals war sie verlobt … warum ist denn
nichts draus geworden? Ich hab' mich eigentlich nicht viel
drum gekümmert … Armes Hascherl[1], hat auch nie Glück
5 gehabt – und jetzt verliert sie noch den einzigen Bruder …
Ja, wirst mich nimmer seh'n, Klara – aus! Was, das hast Du
Dir nicht gedacht, Schwesterl, wie Du mich am Neujahrstag
zur Bahn begleitet hast, dass Du mich nie wiederseh'n
wirst? – Und die Mama … Herrgott, die Mama … nein, ich
10 darf daran nicht denken … wenn ich daran denk', bin ich
imstand', eine Gemeinheit zu begehen … Ah … wenn ich
zuerst noch nach Haus fahren möcht' … sagen, es ist ein
Urlaub auf einen Tag … noch einmal den Papa, die Mama,
die Klara seh'n, bevor ich einen Schluss mach' … Ja, mit
15 dem ersten Zug um sieben kann ich nach Graz fahren, um
eins bin ich dort … Grüß' Dich Gott, Mama … Servus,
Klara! Na, wie geht's euch denn? … Nein, das ist eine Über-
raschung! … Aber sie möchten was merken … wenn niemand anders … die Klara … die Klara gewiss … Die Klara
20 ist ein so gescheites Mädel … Wie lieb sie mir neulich geschrieben hat, und ich bin ihr noch immer die Antwort
schuldig – und die guten Ratschläge, die sie mir immer gibt
… ein so seelengutes Geschöpf … Ob nicht alles ganz anders geworden wär', wenn ich zu Haus geblieben wär'? Ich
25 hätt' Ökonomie studiert, wär' zum Onkel gegangen … sie
haben's ja alle wollen, wie ich noch ein Bub war … Jetzt
wär' ich am End' schon verheiratet, ein liebes, gutes Mädel
… vielleicht die Anna, die hat mich so gern gehabt … auch
jetzt hab' ich's noch gemerkt, wie ich das letzte Mal zu Haus
30 war, obzwar[2] sie schon einen Mann hat und zwei Kinder …
ich hab's g'sehn', wie sie mich angeschaut hat … Und noch
immer sagt sie mir „Gustl" wie früher … Der wird's ordentlich in die Glieder fahren, wenn sie erfährt, was es mit mir
für ein End' genommen hat – aber ihr Mann wird sagen:
35 Das hab' ich vorausgesehen – so ein Lump! – Alle werden
meinen, es ist, weil ich Schulden gehabt hab' … und es ist
doch gar nicht wahr, es ist doch alles gezahlt … nur die

---

[1] armes Kind (von haeschen – schluchzen)
[2] obwohl/obgleich

letzten hundertsechzig Gulden – na, und die sind morgen
da … Ja, dafür muss ich auch noch sorgen, dass der Ballert
die hundertsechzig Gulden kriegt … das muss ich nieder-
schreiben, bevor ich mich erschieß' … Es ist schrecklich, es
ist schrecklich! … Wenn ich lieber auf und davon fahren
möcht! – nach Amerika, wo mich niemand kennt … In
Amerika weiß kein Mensch davon, was hier heut' Abend
gescheh'n ist … da kümmert sich kein Mensch drum …
Neulich ist in der Zeitung gestanden von einem Grafen
Runge, der hat fortmüssen wegen einer schmutzigen Geschichte, und jetzt hat er drüben ein Hotel und pfeift auf
den ganzen Schwindel … Und in ein paar Jahren könnt'
man ja wieder zurück … nicht nach Wien natürlich … auch
nicht nach Graz … aber auf's Gut könnt' ich … und der
Mama und dem Papa und der Klara möcht's doch tausend-
mal lieber sein, wenn ich nur lebendig blieb' … Und was
geh'n mich denn die andern Leut' an? Wer meint's denn
sonst gut mit mir? – Außer'm Kopetzky könnt' ich allen
gestohlen werden … der Kopetzky ist doch der Einzige …
Und grad der hat mir heut' das Billett geben müssen … und
das Billett ist an allem schuld … ohne das Billett wär' ich
nicht ins Konzert gegangen, und alles das wär' nicht passiert … Was ist denn nur passiert? … Es ist grad, als wenn
hundert Jahr' seitdem vergangen wären, und es kann noch
keine zwei Stunden sein … Vor zwei Stunden hat mir einer
„dummer Bub" gesagt und hat meinen Säbel[1] zerbrechen
wollen … Herrgott, ich fang' noch zu schreien an mitten in
der Nacht! Warum ist denn das alles gescheh'n? Hätt' ich
nicht länger warten können, bis ganz leer wird in der Garderobe? Und warum hab' ich ihm denn nur gesagt: „Halten
Sie's Maul!"? Wie ist mir denn das nur ausgerutscht? Ich
bin doch sonst ein höflicher Mensch … nicht einmal mit
meinem Burschen[2] bin ich sonst so grob … aber natürlich,

---

[1] Die phallische Bedeutung des Säbels ist bei dieser Passage mitzu-
     denken: Wenn Gustl sagt, der Bäckermeister habe ihm den „Säbel
     zerbrechen wollen", deutet das auf Kastrationsangst, Angst vor
     dem Verlust der Männlichkeit (die bei Gustl unmittelbar mit seiner
     militärischen Position verknüpft ist).
[2] Offiziersdiener

nervos bin ich gewesen – alle die Sachen, die da zusammen-
gekommen sind … das Pech im Spiel und die ewige Absa-
gerei von der Steffi – und das Duell morgen Nachmittag –
und zu wenig schlafen tu' ich in der letzten Zeit – und die
5 Rackerei in der Kasern' – das halt' man auf die Dauer nicht
aus! … Ja, über kurz oder lang wär' ich krank geworden –
hätt' um einen Urlaub einkommen müssen … Jetzt ist es
nicht mehr notwendig – jetzt kommt ein langer Urlaub –
mit Karenz[1] der Gebühren – haha! …
10 Wie lang werd' ich denn da noch sitzen bleiben? Es muss
Mitternacht vorbei sein … hab' ich's nicht früher schlagen
hören? – Was ist denn das … ein Wagen fährt da? Um die
Zeit? Gummiradler[2] – kann mir schon denken … Die
haben's besser wie ich – vielleicht ist es der Ballert mit der
15 Bertha … Warum soll's grad der Ballert sein? – Fahr' nur
zu! – Ein hübsches Zeug'l[3] hat Seine Hoheit in Przemysl
gehabt … mit dem ist er immer in die Stadt hinunterg'fahren
zu der Rosenberg … Sehr leutselig war Seine Hoheit – ein
echter Kamerad, mit allen auf Du und Du … War doch eine
20 schöne Zeit … obzwar … die Gegend war trostlos und im
Sommer zum Verschmachten … an einem Nachmittag sind
einmal drei vom Sonnenstich getroffen worden … auch der
Korporal von meinem Zug – ein so verwendbarer Mensch
… Nachmittag haben wir uns nackt auf's Bett hingelegt. –
25 Einmal ist plötzlich der Wiesner zu mir hereingekommen;
ich muss grad geträumt haben und steh' auf und zieh' den
Säbel[4], der neben mir liegt … muss gut ausg'schaut haben
… der Wiesner hat sich halb totgelacht – der ist jetzt schon
Rittmeister … – Schad', dass ich nicht zur Kavallerie[5] ge-
30 gangen bin … aber das hat der Alte nicht wollen – wär' ein
zu teurer Spaß gewesen[6] – jetzt ist es ja doch alles eins …

---

1   Verzicht auf Gebühren
2   ugs.: Kutsche mit Gummirädern
3   österr.: Kutsche
4   s. Anm. 1, S. 29: Wiesners Lachen deutet darauf hin, dass er Gustl
    mit erigiertem Penis überrascht hat.
5   Reitertruppe
6   Die Offiziere mussten für ihre Ausrüstung selbst aufkommen, bei
    der Kavallerie also auch die Anschaffungs- und Unterhaltskosten
    für das eigene Pferd bestreiten.

Warum denn? – Ja, ich weiß schon: sterben muss ich, darum
ist es alles eins – sterben muss ich … Also wie? – Schau,
Gustl, Du bist doch extra da herunter in den Prater gegangen, mitten in der Nacht, wo Dich keine Menschenseele
stört – jetzt kannst Du Dir alles ruhig überlegen … Das ist ⁵
ja lauter Unsinn mit Amerika und quittieren, und Du bist
ja viel zu dumm, um was anderes anzufangen – und wenn
Du hundert Jahr' alt wirst, und Du denkst dran, dass Dir
einer hat den Säbel[1] zerbrechen wollen und Dich einen
dummen Buben g'heißen, und Du bist dag'standen und ¹⁰
hast nichts tun können – nein, zu überlegen ist da gar nichts
– gescheh'n ist gescheh'n – auch das mit der Mama und mit
der Klara ist ein Unsinn – die werden's schon verschmerzen
– man verschmerzt alles … Wie hat die Mama gejammert,
wie ihr Bruder gestorben ist – und nach vier Wochen hat ¹⁵
sie kaum mehr dran gedacht … auf den Friedhof ist sie
hinausgefahren … zuerst alle Wochen, dann alle Monat' –
und jetzt nur mehr am Todestag. – – Morgen ist mein Todestag – fünfter April. – – Ob sie mich nach Graz überfüh-
ren? Haha! da werden die Würmer in Graz eine Freud' ²⁰
haben! – Aber das geht mich nichts an – darüber sollen sich
die andern den Kopf zerbrechen … Also, was geht mich
denn eigentlich an? … Ja, die hundertsechzig Gulden für
den Ballert – das ist alles – weiter brauch' ich keine Verfügungen zu treffen. – Briefe schreiben? Wozu denn? An wen ²⁵
denn? … Abschied nehmen? – Ja, zum Teufel hinein, das ist
doch deutlich genug, wenn man sich totschießt! – Dann
merken's die andern schon, dass man Abschied genommen
hat … Wenn die Leut' wüssten, wie egal mir die ganze
Geschichte ist, möchten sie mich gar nicht bedauern – ist ³⁰
eh' nicht schad' um mich … Und was hab' ich denn vom
ganzen Leben gehabt? – Etwas hätt' ich gern noch mitge-
macht: einen Krieg – aber da hätt' ich lang' warten können[2]
… Und alles Übrige kenn' ich … Ob so ein Mensch Steffi
oder Kunigunde heißt, bleibt sich gleich. – – Und die ³⁵

---

[1] s. Anm. 1, S. 29.
[2] Tatsächlich ließen die nächsten kriegerischen Ereignisse noch auf
   sich warten: Annexion Bosniens und der Herzegowina 1908, Bal-
   kankrieg 1912/13.

schönsten Operetten kenn' ich auch – und im Lohengrin[1]
bin ich zwölf Mal drin gewesen – und heut' Abend war ich
sogar bei einem Oratorium – und ein Bäckermeister hat
mich einen dummen Buben geheißen – meiner Seel', es ist
5 grad' genug! – Und ich bin gar nimmer neugierig … – Also
gehn wir nach Haus, langsam, ganz langsam … Eile hab'
ich ja wirklich keine. – Noch ein paar Minuten ausruhen da
im Prater, auf einer Bank – obdachlos. – Ins Bett leg' ich
mich ja doch nimmer – hab' ja genug Zeit zum Ausschlafen.
10 – – Ah, die Luft! – Die wird mir abgehn …

———

Was ist denn? – He, Johann, bringen S' mir ein frisches
15 Glas Wasser … Was ist? … Wo … Ja, träum' ich denn? …
Mein Schädel … o, Donnerwetter … Fischamend[2] … Ich
bring' die Augen nicht auf! – Ich bin ja angezogen! – Wo
sitz' ich denn? – Heiliger Himmel, eingeschlafen bin ich!
Wie hab' ich denn nur schlafen können; es dämmert ja
20 schon! – Wie lang' hab' ich denn geschlafen? – Muss auf
die Uhr schau'n … Ich seh' nichts … Wo sind denn meine
Zündhölzeln? … Na, brennt eins an? … Drei … und ich
soll mich um vier duellieren – nein, nicht duellieren – totschießen soll ich mich! – Es ist gar nichts mit dem Duell;
25 ich muss mich totschießen, weil ein Bäckermeister mich
einen dummen Buben genannt hat … Ja, ist es denn wirklich g'scheh'n? – Mir ist im Kopf so merkwürdig … wie in
einem Schraubstock ist mein Hals – ich kann mich gar
nicht rühren – das rechte Bein ist eingeschlafen. – Auf-
30 stehn! Aufstehn! … Ah, so ist es besser! – Es wird schon
lichter … Und die Luft … ganz wie damals in der Früh,
wie ich auf Vorposten war und im Wald kampiert hab' …

---

1   Oper von Richard Wagner (1813–1883), uraufgeführt am
    28.8.1850. (Möglicherweise identifiziert Gustl sich mit dem Schwa-
    nenritter, vgl. Politzer, S. 52.)
2   militär. Fluch, analog zu „Sakrament" oder „Sapperment"; Fisch-
    amend ist ein Ort in Niederösterreich, in dessen Nähe sich ein
    Truppenübungsplatz befand, den Schnitzler von einem Manöver
    her kannte. Fischamend wäre auch als „Fisch am End" lesbar (vgl.
    Politzer 1962, S. 52).

Das war ein anderes Aufwachen – da war ein anderer Tag
vor mir … Mir scheint, ich glaub's noch nicht recht – Da
liegt die Straße, grau, leer – ich bin jetzt sicher der einzige
Mensch im Prater. – Um vier Uhr früh war ich schon einmal herunten, mit'm Pausinger – geritten sind wir – ich 5
auf dem Pferd vom Hauptmann Mirovic und der Pausinger auf seinem eigenen Krampen[1] – das war im Mai, im
vorigen Jahr – da hat schon alles geblüht – alles war grün.
Jetzt ist's noch kahl – aber der Frühling kommt bald – in
ein paar Tagen ist er schon da. – Maiglöckerln, Veigerln[2] 10
– schad', dass ich nichts mehr davon haben werd' – jeder
Schubiak[3] hat was davon, und ich muss sterben! Es ist ein
Elend! Und die andern werden im Weingartl[4] sitzen beim
Nachtmahl, als wenn gar nichts g'wesen wär' – so wie wir
alle im Weingartl g'sessen sind, noch am Abend nach dem 15
Tag, wo sie den Lippay hinausgetragen haben … Und der
Lippay war so beliebt … sie haben ihn lieber g'habt, als
mich, beim Regiment – warum sollen sie denn nicht im
Weingartl sitzen, wenn ich abkratz'? – Ganz warm ist es
– viel wärmer als gestern – und so ein Duft – es muss doch 20
schon blühen … Ob die Steffi mir Blumen bringen wird?
– Aber fällt ihr ja gar nicht ein! Die wird grad hinausfahren
… Ja, wenn's noch die Adel' wär' … Nein, die Adel'! – Mir
scheint, seit zwei Jahren hab' ich an die nicht mehr gedacht
… Was die für G'schichten gemacht hat, wie's aus war … 25
mein Lebtag hab' ich kein Frauenzimmer so weinen
geseh'n … Das war doch eigentlich das Hübscheste, was
ich erlebt hab' … So bescheiden, so anspruchslos, wie die
war – die hat mich gern gehabt, da könnt' ich drauf schwören. – War doch was ganz anderes, als die Steffi … Ich 30
möcht' nur wissen, warum ich die aufgegeben hab' … so
eine Eselei! Zu fad ist es mir geworden, ja, das war das
Ganze … So jeden Abend mit ein und derselben ausgeh'n
… Dann hab' ich eine Angst g'habt, dass ich überhaupt

---

[1] ugs.: magerer Gaul (eigentlich Spitzhacke)
[2] österr.: Veilchen
[3] österr.: Lump, niederträchtiger Mensch
[4] Gasthaus „Zum Weingartl" (VI. Bezirk), Treffpunkt der Schauspie-
ler des Theaters an der Wien

nimmer loskomm' – eine solche Raunzen[1] – – Na, Gustl,
hätt'st schon noch warten können – war doch die Einzige,
die Dich gern gehabt hat … Was sie jetzt macht? Na, was
wird s' machen? – Jetzt wird s' halt einen andern haben.
5 … Freilich, das mit der Steffi ist bequemer – wenn man
nur gelegentlich engagiert ist und ein anderer hat die
ganzen Unannehmlichkeiten, und ich hab' nur das Vergnügen … Ja, da kann man auch nicht verlangen, dass man
auf den Friedhof hinauskommt … Wer ging denn über-
10 haupt mit, wenn er nicht müsst'! – Vielleicht der Kopetzky,
und dann wär' Rest[2]! – Ist doch traurig, so gar niemanden
zu haben …
Aber so ein Unsinn! der Papa und die Mama und die
Klara … Ja, ich bin halt der Sohn, der Bruder … aber was
15 ist denn weiter zwischen uns? Gern haben sie mich ja –
aber was wissen sie denn von mir? – Dass ich meinen
Dienst mach', dass ich Karten spiel' und dass ich mit
Menschern herumlauf' … aber sonst? – Dass mich manchmal selber vor mir graust, das hab' ich ihnen ja doch nicht
20 geschrieben – na, mir scheint, ich hab's auch selber gar
nicht recht gewusst – – Ah was, kommst Du jetzt mit
solchen Sachen, Gustl? Fehlt nur noch, dass Du zum Weinen anfangst … pfui Teufel! – Ordentlichen Schritt … so!
Ob man zu einem Rendezvous geht oder auf Posten oder
25 in die Schlacht … wer hat das nur gesagt? … ah ja, der
Major Lederer, in der Kantin', wie man von dem Wing-
leder erzählt hat, der so blass geworden ist vor seinem
ersten Duell – und gespieben[3] hat … Ja: ob man zu einem
Rendezvous geht oder in den sichern Tod, am Gang und
30 am G'sicht lasst sich das der richtige Offizier nicht aner-
kennen[4]! – Also, Gustl – der Major Lederer hat's g'sagt!
ha! –
Immer lichter … man könnt' schon lesen … Was pfeift
denn da? … Ah, drüben ist der Nordbahnhof … Die Te-

---

[1] österr.: Person, die „raunzt", d. h. nörgelt
[2] damit wäre es zu Ende, das wären alle
[3] von speiben, mundartlich für „erbrechen"
[4] lässt sich das nicht anmerken

getthoffsäule[1] … so lang hat sie noch nie ausg'schaut …
Da drüben stehen Wagen … Aber nichts als Straßenkehrer
auf der Straße … meine letzten Straßenkehrer – ha! ich
muss immer lachen, wenn ich dran denk' … das versteh'
ich gar nicht … Ob das bei allen Leuten so ist, wenn sie's [5]
einmal ganz sicher wissen? Halb vier auf der Nordbahn-
uhr[2] … jetzt ist nur die Frage, ob ich mich um sieben nach
Bahnzeit oder nach Wiener Zeit[3] erschieß'? … Sieben …
ja, warum grad sieben? … Als wenn's gar nicht anders sein
könnt' … Hunger hab' ich – meiner Seel', ich hab' Hunger [10]
– kein Wunder … seit wann hab' ich denn nichts gegessen?
… Seit – seit gestern sechs Uhr abends im Kaffeehaus …
ja! Wie mir der Kopetzky das Billett gegeben hat – eine
Melange[4] und zwei Kipfel[5]. – Was der Bäckermeister sagen wird, wenn er's erfahrt? … der verfluchte Hund! – Ah, [15]
der wird wissen, warum – dem wird der Knopf aufgehn[6]
– der wird draufkommen, was es heißt: Offizier! – So ein
Kerl kann sich auf offener Straße prügeln lassen, und es
hat keine Folgen, und unsereiner wird unter vier Augen
insultiert[7] und ist ein toter Mann … Wenn sich so ein Fal- [20]
lot[8] wenigstens schlagen möcht' – aber nein, da wär' er ja
vorsichtiger, da möcht' er so was nicht riskieren … Und
der Kerl lebt weiter, ruhig weiter, während ich – krepieren
muss! – Der hat mich doch umgebracht … Ja, Gustl, merkst

---

[1] Tegetthoffdenkmal am Praterstern vor dem Nordbahnhof, 1886 er-
richtet: Auf einer 11m hohen Marmorsäule stand ein doppelt lebens-
großes Bronzestandbild des Admirals Wilhelm Tegetthoff (1827–71),
der 1864 über die Dänen im Seegefecht bei Helgoland und 1866 über
die Italiener bei Lissa gesiegt hatte. Vgl. Anhang, S. 110

[2] Uhr am Nordbahnhof. Vgl. Anhang, S. 110

[3] Die Eisenbahn machte die 1893 in einer internationalen Vereinba-
rung festgesetzte Einheitszeit, für Österreich die mitteleuropäische
Zeit („Wiener Zeit"), nicht mit, sondern fuhr nach einer einheitli-
chen österr. Eisenbahnzeit.

[4] Milchkaffee

[5] auch Kipferl: helles Teiggebäck in Halbmondform (Hörnchen),
österr. Variante des Croissant

[6] ugs.: dem wird ein Licht aufgehen

[7] beleidigt

[8] ugs.: Gauner

D' was? – der ist es, der Dich umbringt! Aber so glatt soll's
ihm doch nicht ausgeh'n! – Nein, nein, nein! Ich werd'
dem Kopetzky einen Brief schreiben, wo alles drinsteht,
die ganze G'schicht' schreib' ich auf … oder noch besser:
5 ich schreib's dem Obersten, ich mach' eine Meldung ans
Regimentskommando … ganz wie eine dienstliche Meldung … Ja, wart', Du glaubst, dass so was geheim bleiben
kann? – Du irrst Dich – aufgeschrieben wird's zum ewigen
Gedächtnis, und dann möcht' ich sehen, ob Du Dich noch
10 ins Kaffeehaus traust! – Ha! – „das möcht' ich sehen", ist
gut! … Ich möcht' noch manches gern seh'n, wird nur
leider nicht möglich sein – aus is! –
Jetzt kommt der Johann in mein Zimmer, jetzt merkt er,
dass der Herr Lieutenant nicht zu Haus geschlafen hat. –
15 Na, alles Mögliche wird er sich denken; aber dass der Herr
Lieutenant im Prater übernachtet hat, das, meiner Seel', das
nicht … Ah, die Vierundvierziger[1]! zur Schießstätte[2] marschieren s' – lassen wir sie vorübergehn … so, stellen wir
uns daher … – Da oben wird ein Fenster aufgemacht – hüb-
20 sche Person – na, ich möcht' mir wenigstens ein Tüchel
umnehmen, wenn ich zum Fenster geh' … Vorigen Sonntag
war's zum letzten Mal … Dass grad die Steffi die Letzte
sein wird, hab' ich mir nicht träumen lassen. – Ach Gott,
das ist doch das einzige reelle Vergnügen. … Na ja, der Herr
25 Oberst wird in zwei Stunden nobel[3] nachreiten … die
Herren haben's gut – ja, ja, rechts g'schaut! – Ist schon gut
… Wenn Ihr wüsstet, wie ich auf Euch pfeif'! – Ah, das ist
nicht schlecht: der Katzer … seit wann ist denn der zu den
Vierundvierzigern übersetzt? – Servus, servus! – Was der
30 für ein G'sicht macht? … Warum deut' er denn auf seinen
Kopf? – Mein Lieber, dein Schädel interessiert mich sehr
wenig … Ah, so! Nein, mein Lieber, Du irrst Dich: im Prater
hab' ich übernachtet … wirst schon heut' im Abendblatt
lesen. – „Nicht möglich!", wird er sagen; „heut' früh, wie
35 wir zur Schießstätte ausgerückt sind, hab' ich ihn noch auf

---

[1] 44. ungarisches Infanterieregiment
[2] sog. Elementarschießplatz im XXI. Bezirk an der alten Donau, 1871
    von der Heeresverwaltung errichtet
[3] hier: gemächlich

der Praterstraße[1] getroffen!" – Wer wird denn meinen Zug[2] kriegen? – Ob sie ihn dem Walterer geben werden? – Na, da wird was Schönes herauskommen – ein Kerl ohne Schneid[3], der hätt' auch lieber Schuster werden sollen …
Was, geht schon die Sonne auf? – Das wird heut' ein schöner Tag – so ein rechter Frühlingstag … Ist doch eigentlich zum Teufelholen! – der Komfortabelkutscher[4] wird noch um achte in der Früh auf der Welt sein, und ich … na, was ist denn das? He, das wär' so was – noch im letzten Moment die Contenance[5] verlieren wegen einem Komfortabelkutscher … Was ist denn das, dass ich auf einmal so ein blödes Herzklopfen krieg'? – Das wird doch nicht deswegen sein … Nein, o nein … es ist, weil ich so lang' nichts gegessen hab'. – – Aber Gustl, sei doch aufrichtig mit Dir selber: – Angst hast Du – Angst, weil Du's noch nie probiert hast …
Aber das hilft Dir ja nichts, die Angst hat noch keinem was geholfen, jeder muss es einmal durchmachen, der eine früher, der andere später, und Du kommst halt früher dran …
Viel wert bist Du ja nie gewesen, so benimm Dich wenigstens anständig zu guter Letzt, das verlang' ich von Dir! – So, jetzt heißt's nur überlegen – aber was denn? … Immer will ich mir was überlegen … ist doch ganz einfach: – im Nachtkastelladel[6] liegt er, geladen ist er auch, heißt's nur: losdrucken – das wird doch keine Kunst sein! – –
Die geht schon ins G'schäft … die armen Mädeln! Die Adel' war auch in einem G'schäft – ein paar Mal hab' ich sie am Abend abg'holt … Wenn sie in einem G'schäft sind, werd'n sie doch keine solchen Menscher … Wenn die Steffi mir allein g'hören möcht', ich ließ sie Modistin[7] werden

---

[1] Hauptstraße des II. Bezirks (Leopoldstadt), Verbindungsstraße vom Prater zur Innenstadt (Schnitzler wurde in der Praterstr. 16 geboren.)
[2] militärische Untereinheit; Zugführer ist ein Leutnant oder Feldwebel.
[3] Mut
[4] Komfortabel – einspännige Mietkutsche (vgl. engl./franz. comfortable – bequem)
[5] Fassung
[6] österr.: Schublade im Nachttisch
[7] Hutmacherin

oder so was … Wie wird sie's denn erfahren? – Aus der
Zeitung! … Sie wird sich ärgern, dass ich ihr's nicht geschrieben hab' … Mir scheint, ich schnapp' doch noch
über … Was geht denn das mich an, ob sie sich ärgert …
5 Wie lang' hat denn die ganze G'schicht gedauert? … Seit'm
Jänner[1]?… Ah nein, es muss doch schon vor Weihnachten
gewesen sein … ich hab' ihr ja aus Graz Zuckerln[2] mitge-
bracht, und zu Neujahr hat sie mir ein Brieferl g'schickt
… Richtig, die Briefe, die ich zu Haus hab' – sind keine da,
10 die ich verbrennen sollt'? … Hm, der vom Fallsteiner –
wenn man den Brief findet … der Bursch könnt' Unannehmlichkeiten haben … Was mir das schon aufliegt[3]! –
Na, es ist ja keine große Anstrengung … aber hervorsuchen
kann ich den Wisch nicht … Das Beste ist, ich verbrenn'
15 alles zusammen … wer braucht's denn? Ist lauter Maku-
latur[4]. – – Und meine paar Bücher könnt' ich dem Blany
vermachen. – „Durch Nacht und Eis[5]" … schad', dass ich's
nimmer auslesen kann … bin wenig zum Lesen gekommen in der letzten Zeit … Orgel – ah, aus der Kirche[6] …
20 Frühmesse – bin schon lang' bei keiner gewesen … das
letzte Mal im Feber[7], wie mein Zug dazu kommandiert war
… Aber das gilt nichts – ich hab' auf meine Leut' aufge-
passt, ob sie andächtig sind und sich ordentlich benehmen
… – Möcht' in die Kirche hineingehn … am End' ist doch
25 was dran … – Na, heut' nach Tisch werd' ich's schon genau
wissen … Ah, „nach Tisch" ist sehr gut! … Also, was ist,
soll ich hineingeh'n? – Ich glaub', der Mama wär's ein
Trost, wenn sie das wüsst'! … Die Klara gibt weniger drauf
… Na, geh'n wir hinein – schaden kann's ja nicht!

---

[1] österr.: Januar
[2] österr.: Bonbons
[3] ugs.: was mich das noch angeht
[4] Altpapier, Abfall (eigentlich Begriff aus dem Druckereiwesen: Fehl-
druck)
[5] vermutlich „In Nacht und Eis. Die Norwegische Polarexpedition
1893–1896" (Leipzig 1897) von Fridtjof Nansen
[6] St. Johann Nepomuk Kirche an der Praterstraße oder Stephansdom (da Gustl von der Praterstr. kommt und dann quer durch die
Innenstadt geht) (s. Anhang, S. 112 und 113)
[7] österr.: Februar

Orgel – Gesang – hm! – was ist denn das? – Mir ist ganz
schwindlig … O Gott, o Gott, o Gott! ich möcht' einen
Menschen haben, mit dem ich ein Wort reden könnt' vor-
her! – Das wär' so was – zur Beicht' geh'n! Der möcht'
Augen machen, der Pfaff', wenn ich zum Schluss sagen 5
möcht': Habe die Ehre, Hochwürden; jetzt geh' ich mich
umbringen! … – Am liebsten läg' ich da auf dem Steinbo-
den und tät' heulen … Ah nein, das darf man nicht tun!
Aber weinen tut manchmal so gut … Setzen wir uns einen
Moment – aber nicht wieder einschlafen wie im Prater! … 10
– Die Leut', die eine Religion haben, sind doch besser dran
… Na, jetzt fangen mir gar die Händ' zu zittern an! …
Wenn's so weitergeht, werd' ich mir selber auf die Letzt'
so ekelhaft, dass ich mich vor lauter Schand' umbring'! –
Das alte Weib da – um was betet denn die noch? … Wär' 15
eine Idee, wenn ich ihr sagen möcht': Sie, schließen Sie
mich auch ein … ich hab' das nicht ordentlich gelernt, wie
man das macht … Ha! mir scheint, das Sterben macht
blöd'![1] – Aufstehn! – Woran erinnert mich denn nur die
Melodie? – Heiliger Himmel! gestern Abend! – Fort, fort! 20
das halt' ich gar nicht aus! … Pst! keinen solchen Lärm,
nicht mit dem Säbel scheppern – die Leut' nicht in der
Andacht stören – so! – doch besser im Freien … Licht …
Ah, es kommt immer näher – wenn es lieber schon vorbei
wär'! – Ich hätt's gleich tun sollen – im Prater … man sollt' 25
nie ohne Revolver ausgeh'n … Hätt' ich gestern Abend
einen gehabt … Herrgott noch einmal! – In das Kaffeehaus
könnt' ich geh'n frühstücken … Hunger hab' ich … Früher
ist's mir immer sonderbar vorgekommen, dass die Leut',
die verurteilt sind, in der Früh noch ihren Kaffee trinken 30
und ihr Zigarrl rauchen … Donnerwetter, geraucht hab'
ich gar nicht! gar keine Lust zum Rauchen! – Es ist komisch: ich hätt' Lust, in mein Kaffeehaus zu geh'n … Ja,
aufgesperrt ist schon, und von uns ist jetzt doch keiner
dort – und wenn schon … ist höchstens ein Zeichen von 35
Kaltblütigkeit. „Um sechs hat er noch im Kaffeehaus ge-
frühstückt, und um sieben hat er sich erschossen" … –
Ganz ruhig bin ich wieder … das Gehen ist so angenehm

---

[1] fördert unmilitärische Gedanken (vgl. „Blödisten", Anm. 2, S. 12)

– und das Schönste ist, dass mich keiner zwingt. – Wenn ich wollt', könnt' ich noch immer den ganzen Krempel hinschmeißen … Amerika … Was ist das: „Krempel"? W a s ist ein „Krempel"? Mir scheint, ich hab' den Sonnenstich! …
5 Oho, bin ich vielleicht deshalb so ruhig, weil ich mir noch immer einbild', ich muss nicht? … Ich muss! Ich muss! Nein, ich will! – Kannst Du Dir denn überhaupt vorstellen, Gustl, dass Du Dir die Uniform ausziehst und durchgehst? Und der verfluchte Hund lacht sich den Buckel voll – und
10 der Kopetzky selbst möcht' Dir nicht mehr die Hand geben … Mir kommt vor, ich bin jetzt ganz rot geworden. – … Der Wachmann salutiert mir … ich muss danken … „Servus!" – Jetzt hab' ich gar „Servus" gesagt! … Das freut so einen armen Teufel immer … Na, über mich hat sich keiner zu
15 beklagen gehabt – außer Dienst war ich immer gemütlich. – Wie wir auf Manöver waren, hab' ich den Chargen[1] von der Kompanie Britannikas[2] geschenkt; – einmal hab' ich gehört, wie ein Mann hinter mir bei den Gewehrgriffen was von „verfluchter Rackerei" g'sagt hat, und ich hab' ihn
20 nicht zum Rapport[3] geschickt – ich hab' ihm nur gesagt: „Sie, passen S' auf, das könnt' einmal wer anderer hören – da ging's Ihnen schlecht!" … Der Burghof[4] … Wer ist denn heut' auf Wach'? – Die Bosniaken[5] – schau'n gut aus – der Oberstleutnant hat neulich g'sagt: Wie wir im 78er-Jahr[6]

---

[1] Offiziere und Unteroffiziere
[2] Zigarren (14 Heller pro Stück; billiger als die Trabucco, die Gustl sich später selbst genehmigt)
[3] Bericht, dienstliche Meldung
[4] Innerer Hof der Hofburg im I. Bezirk. Die Hofburg war seit 1280 Residenz der Habsburger, sie ist zur erzählten Zeit Regierungs- und Wohnsitz des Kaisers (s. Anhang, S. 112).
[5] leicht geringschätzige Bezeichnung für die Angehörigen eines Regiments aus Bosnien-Herzegowina
[6] Nach dem Aufstand in der Herzegowina 1875, der sich zu einem Befreiungskrieg Montenegros und Serbiens gegen die Türken ausweitete, begann Russland einen Krieg gegen die Türken mit dem Ziel der Besetzung des Balkans. Daraufhin annektierte Österreich mit Unterstützung der Westmächte Bosnien und die Herzegowina. Auf dem Berliner Kongress 1878 wurde Österreich dann das europäische Mandat zur unbefristeten Besetzung übertragen.

unten waren, hätt' keiner geglaubt, dass uns die einmal so
parieren werden! … Herrgott, bei so was hätt' ich dabei sein
mögen! – Da stehn sie alle auf von der Bank. – Servus, servus! – Das ist halt zuwider, dass unsereiner nicht dazu
kommt. – Wär' doch schöner gewesen, auf dem Feld der 5
Ehre, fürs Vaterland, als so … Ja, Herr Doktor, Sie kommen
eigentlich gut weg! … Ob das nicht einer für mich überneh-
men könnt'? – Meiner Seel', das sollt' ich hinterlassen, dass
sich der Kopetzky oder der Wymetal an meiner Statt mit
dem Kerl schlagen. … Ah, so leicht sollt' der doch nicht 10
davonkommen! – Ah, was! Ist das nicht egal, was nachher
geschieht? Ich erfahr's ja doch nimmer! – Da schlagen die
Bäume aus … Im Volksgarten[1] hab' ich einmal eine ange-
sprochen – ein rotes Kleid hat sie angehabt – in der Strozzi-
gasse[2] hat sie gewohnt – nachher hat sie der Rochlitz über- 15
nommen … Mir scheint, er hat sie noch immer, aber er red't
nichts mehr davon – er schämt sich vielleicht … Jetzt schlaft
die Steffi noch … so lieb sieht sie aus, wenn sie schlaft …
als wenn sie nicht bis fünf zählen könnt'! – Na, wenn sie
schlafen, schau'n sie alle so aus! – Ich sollt' ihr doch noch 20
ein Wort schreiben … warum denn nicht? Es tut's ja doch
ein jeder, dass er vorher noch Briefe schreibt. – Auch der
Klara sollt' ich schreiben, dass sie den Papa und die Mama
tröstet – und was man halt so schreibt! – und dem Kopetzky doch auch … Meiner Seel', mir kommt vor, es wär' viel 25
leichter, wenn man ein paar Leuten Adieu gesagt hätt' …
Und die Anzeige an das Regimentskommando – und die
hundertsechzig Gulden für den Ballert … eigentlich noch
viel zu tun … Na, es hat's mir ja keiner g'schafft, dass ich's
um sieben tu' … von acht an ist noch immer Zeit genug 30
zum Totsein! … Totsein, ja – so heißt's – da kann man nichts
machen …
Ringstraße[3] – jetzt bin ich ja bald in meinem Kaffeehaus
… Mir scheint gar, ich freu' mich aufs Frühstück … es ist
nicht zum glauben. – – Ja, nach dem Frühstück zünd' ich 35

---

[1] Wiener Parkanlage zwischen Hofburg und Burgtheater
[2] im VIII. Bezirk (Josefstadt)
[3] Gustl ist offenbar am Burgring angekommen (s. Anhang, S. 114/115).

mir eine Zigarr' an, und dann geh' ich nach Haus und
schreib' … Ja, vor allem mach' ich die Anzeige ans Kom-
mando; dann kommt der Brief an die Klara – dann an den
Kopetzky – dann an die Steffi … Was soll ich denn dem
5 Luder schreiben? … „Mein liebes Kind, Du hast wohl
nicht gedacht" … Ah, was, Unsinn! – „Mein liebes Kind,
ich danke Dir sehr" … – „Mein liebes Kind, bevor ich von
hinnen gehe, will ich es nicht verabsäumen" … – Na, Brief-
schreiben war auch nie meine starke Seite … „Mein liebes
10 Kind, ein letztes Lebewohl von Deinem Gustl" … – Die
Augen, die sie machen wird! Ist doch ein Glück, dass ich
nicht in sie verliebt war … das muss traurig sein, wenn
man eine gern hat und so … Na, Gustl, sei gut: so ist es
auch traurig genug … Nach der Steffi wär' ja noch manche
15 andere gekommen, und am End' auch eine, die was wert
ist – junges Mädel aus guter Familie mit Kaution[1] – es wär'
ganz schön gewesen … – Der Klara muss ich ausführlich
schreiben, dass ich nicht hab' anders können … „Du musst
mir verzeihen, liebste Schwester, und bitte, tröste auch die
20 lieben Eltern. Ich weiß, dass ich Euch allen manche Sorge
gemacht habe und manchen Schmerz bereitet; aber glaube
mir, ich habe Euch alle immer sehr lieb gehabt, und ich
hoffe, Du wirst noch einmal glücklich werden, meine liebe
Klara, und Deinen unglücklichen Bruder nicht ganz ver-
25 gessen" … – Ah, ich schreib' ihr lieber gar nicht! … Nein,
da wird mir zum Weinen … es beißt mich ja schon in den
Augen, wenn ich dran denk' … Höchstens dem Kopetzky
schreib' ich – ein kameradschaftliches Lebewohl, und er
soll's den andern ausrichten … – Ist's schon sechs? – Ah,
30 nein: halb – dreiviertel. – Ist das ein liebes G'sichtel! … der
kleine Fratz mit den schwarzen Augen, den ich so oft in
der Florianigasse[2] treff'! – was die sagen wird? – Aber die
weiß ja gar nicht, wer ich bin – die wird sich nur wundern,
dass sie mich nimmer sieht … Vorgestern hab' ich mir

---

[1] Jeder junge Leutnant musste eine Kaution hinterlegen, um heiraten
   zu können. Die Höhe der Kaution war je nach Rang festgesetzt
   und die Braut musste die Summe als Mitgift in die Ehe einbringen.
[2] VIII. Bezirk (Josefstadt)

vorgenommen, das nächste Mal sprech' ich sie an. – Ko-
kettiert[1] hat sie genug … so jung war die – am End' war
die gar noch eine Unschuld! … Ja, Gustl! Was Du heute
kannst besorgen, das verschiebe nicht auf morgen! … Der
da hat sicher auch die ganze Nacht nicht geschlafen. – Na, 5
jetzt wird er schön nach Haus gehn und sich niederlegen
– ich auch! – Haha! jetzt wird's ernst, Gustl, ja! … Na, wenn
nicht einmal das bissl Grausen wär', so wär' ja schon gar
nichts dran – und im Ganzen, ich muss's schon selber
sagen, halt' ich mich brav … Ah, wohin denn noch? Da 10
ist ja schon mein Kaffeehaus … auskehren tun sie noch …
Na, geh'n wir hinein …
Da hinten ist der Tisch, wo die immer Tarok[2] spielen …
Merkwürdig, ich kann mir's gar nicht vorstellen, dass der
Kerl, der immer da hinten sitzt an der Wand, derselbe sein 15
soll, der mich … – Kein Mensch ist noch da … Wo ist denn
der Kellner? … He! Da kommt er aus der Küche … er
schlieft[3] schnell in den Frack hinein … Ist wirklich nimmer
notwendig! … ah, für ihn schon… er muss heut' noch
andere Leut' bedienen! – 20
„„Habe die Ehre, Herr Lieutenant!"""
„„Guten Morgen.""""
„„So früh heute, Herr Lieutenant?"""
„Ah, lassen S' nur – ich hab' nicht viel Zeit, ich kann mit'm
Mantel dasitzen." 25
„„Was befehlen Herr Lieutenant?"""
„Eine Melange mit Haut.[4]"
„„Bitte gleich, Herr Lieutenant!"""
Ah, da liegen ja Zeitungen … schon heutige Zeitungen?
… Ob schon was drinsteht? … Was denn? – Mir scheint, 30
ich will nachsehn, ob drinsteht, dass ich mich umgebracht
hab'!
Haha! – Warum steh' ich denn noch immer? … Setzen wir
uns da zum Fenster … Er hat mir ja schon die Melange

---

[1] seine Reize spielen lassen, jemanden erotisch reizen
[2] Kartenspiel (auch Tarot)
[3] österr.: schlüpft
[4] Die sich auf der Melange absetzende Haut der Milch galt in der
   einfachen Bevölkerung als besonders schmackhaft.

hingestellt ... So, den Vorhang zieh' ich zu; es ist mir zuwider, wenn die Leut' hereingucken ... Es geht zwar noch keiner vorüber ... Ah, gut schmeckt der Kaffee – doch kein leerer Wahn[1], das Frühstücken! ... Ah, ein ganz anderer Mensch wird man – der ganze Blödsinn ist, dass ich nicht genachtmahlt hab' ... Was steht denn der Kerl schon wieder da? – Ah, die Semmeln[2] hat er mir gebracht ...

„„Haben Herr Lieutenant schon gehört?""" ...

„Was denn?" Ja, um Gottes willen, weiß der schon was? ... Aber, Unsinn, es ist ja nicht möglich!

„„Den Herrn Habetswallner ...""

Was? So heißt ja der Bäckermeister ... was wird der jetzt sagen? ... Ist der am End' schon da gewesen? Ist er am End' gestern noch da gewesen und hat's erzählt? ... Warum red't er denn nicht weiter? ... Aber er red't ja ...

„„... hat heut' Nacht um zwölf der Schlag[3] getroffen.""

„Was?" ... Ich darf nicht so schreien ... nein, ich darf mir nichts anmerken lassen ... aber vielleicht träum' ich ... ich muss ihn noch einmal fragen ... „Wen hat der Schlag getroffen?" – Famos, famos! – ganz harmlos hab' ich das g'sagt! –

„„Den Bäckermeister, Herr Lieutenant! ... Herr Lieutenant werd'n ihn ja kennen ... na, den Dicken, der jeden Nachmittag neben die Herren Offiziere[4] seine Tarokpartie hat ... mit'n Herrn Schlesinger und 'n Herrn Wasner von der Kunstblumenhandlung vis-à-vis!""

Ich bin ganz wach – stimmt alles – und doch kann ich's noch nicht recht glauben – ich muss ihn noch einmal fragen ... aber ganz harmlos ...

„Der Schlag hat ihn getroffen? ... Ja, wieso denn? Woher wissen S' denn das?"

---

1   Die Anspielung auf den Schluss der Ballade „Die Bürgschaft" von Friedrich Schiller („Und die Treue, sie ist doch kein leerer Wahn ...") im Zusammenhang mit dem gut schmeckenden Frühstück trägt abschließend zur Entlarvung Gustls als eines ungebildeten Kleinbürgers bei.

2   österr.: helle Brötchen

3   Gustl hatte sich gewünscht, den Bäcker möge „heut' Nacht der Schlag" treffen (s. S. 21).

4   österr. Akkusativ

„„„Aber Herr Lieutenant, wer soll's denn früher wissen, als unsereiner – die Semmel, die der Herr Lieutenant da essen, ist ja auch vom Herrn Habetswallner. Der Bub, der uns das Gebäck um halber fünfe in der Früh bringt, hat's uns erzählt.""

Um Himmels willen, ich darf mich nicht verraten … ich möcht' ja schreien … ich möcht' ja lachen … ich möcht' ja dem Rudolf ein Bussel[1] geben … Aber ich muss ihn noch was fragen! … Vom Schlag getroffen werden, heißt noch nicht: tot sein … ich muss fragen, ob er tot ist … aber ganz ruhig, denn was geht mich der Bäckermeister an – ich muss in die Zeitung schau'n, während ich den Kellner frag' …

„Ist er tot?"

„„„Na, freilich, Herr Lieutenant; auf'm Fleck ist er tot geblieben[2].""

O, herrlich, herrlich! – Am End' ist das alles, weil ich in der Kirchen g'wesen bin …

„„„Er ist am Abend im Theater g'wesen; auf der Stiegen ist er umg'fallen – der Hausmeister hat den Krach g'hört … na, und dann haben s' ihn in die Wohnung getragen, und wie der Doktor gekommen ist, war's schon lang' aus.""

„Ist aber traurig. Er war doch noch in den besten Jahren."
– Das hab' ich jetzt famos gesagt – kein Mensch könnt' mir was anmerken … und ich muss mich wirklich zurückhalten, dass ich nicht schrei' oder auf 's Billard[3] spring' …

„„„Ja, Herr Lieutenant, sehr traurig; war ein so lieber Herr, und zwanzig Jahr' ist er schon zu uns kommen – war ein guter Freund von unserm Herrn. Und die arme Frau …""

Ich glaub', so froh bin ich in meinem ganzen Leben nicht gewesen … Tot ist er – tot ist er! Keiner weiß was, und nichts ist g'schehn[4]! – Und das Mordsglück, dass ich in das Kaffeehaus gegangen bin … sonst hätt' ich mich ja ganz umsonst erschossen – es ist doch wie eine Fügung

---

[1] österr.: Kuss (auch Busserl)
[2] vom Fleck weg, sofort
[3] auf den Billardtisch
[4] „Gut ist es gegangen, nichts ist geschehen" – gebräuchliche österr. Redewendung für „noch einmal davongekommen sein"

des Schicksals … Wo ist denn der Rudolf? – Ah, mit dem Feuerburschen[1] red't er … – Also, tot ist er – tot ist er – ich kann's noch gar nicht glauben! Am liebsten möcht' ich hingehn, um's zu sehn. – – Am End' hat ihn der Schlag
5 getroffen aus Wut, aus verhaltenem Zorn … Ah, warum, ist mir ganz egal! Die Hauptsach' ist: er ist tot, und ich darf leben, und alles g'hört wieder mein! … Komisch, wie ich mir da immerfort die Semmel einbrock', die mir der Herr Habetswallner gebacken hat! Schmeckt mir ganz gut, Herr
10 von Habetswallner! Famos! – So, jetzt möcht' ich noch ein Zigarrl rauchen …

„Rudolf! Sie, Rudolf! Sie, lassen S' mir den Feuerburschen dort in Ruh'!"

„„Bitte, Herr Lieutenant!""
15 „Trabucco[2]" … – Ich bin so froh, so froh! … Was mach' ich denn nur? … Was mach' ich denn nur? … Es muss ja was geschehn, sonst trifft mich auch noch der Schlag vor lauter Freud'! … In einer Viertelstund' geh' ich hinüber in die Kasern' und lass mich vom Johann kalt abreiben … um
20 halb acht sind die Gewehrgriff', und um halb zehn ist Exerzieren. – Und der Steffi schreib' ich, sie muss sich für heut' Abend freimachen, und wenn's Graz gilt[3]! Und Nachmittag um vier … na wart', mein Lieber, wart', mein Lieber! Ich bin grad gut aufgelegt … Dich hau' ich zu
25 Krenfleisch[4]!

Reichenau, 13.–17. Juli 1900.

---

1 Diener, der für die Beheizung der Öfen zuständig ist
2 Zigarrensorte (s. Anm. 2, S. 40)
3 Militärjargon: auch wenn alles auf dem Spiel steht
4 klein geschnittenes Rindfleisch, mit Meerrettich (österr.: Kren) und Essig gekocht

Anhang

Arthur Schnitzler, um 1878

1. Zur Biografie Arthur Schnitzlers

Arthur Schnitzler entstammte einer jüdischen Arztfamilie, studierte selbst Medizin und praktizierte als Arzt, ab 1893 – nach dem Tod des Vaters – in seiner eigenen Privatpraxis. Schon als 24-Jähriger begann er, Prosa, Skizzen und Aphorismen in Zeitschriften zu veröffentlichen, denen im Laufe seines Lebens Dramen, Novellen und Erzählungen folgten. Schnitzlers Tagebücher ermöglichen gute Einblicke in die Zusammenhänge von Leben und Werk.

Michaela L. Perlmann: Biografisches

Arthur Schnitzler entstammt einer jüdischen Familie, in der sich zwei Stränge des österreichischen Judentums vereinigen: das durch eine akademische Karriere aufgestiegene, assimilierte Wiener Judentum und das aus den Judenvierteln
5　der Provinzstädte in die Hauptstadt übergesiedelte jüdische Kleinbürgertum. Durch die Heirat mit der Arzttochter Louise Markbreiter hatte Schnitzlers Vater Johann, der zum Arzt promovierte Sohn eines Tischlers aus dem ungarischen Groß-Kanizsa, den Aufstieg in das Wiener Bürgertum ge-
10　schafft. Als ältester Sohn wurde Arthur Schnitzler 1862 in diese wohlhabende Arztfamilie hineingeboren. Damit stand auch seine berufliche Bestimmung schon fest, stellte doch der Arztberuf die Voraussetzung seines sozialen Ansehens in der katholisch-aristokratisch geprägten Habsburger Mon-
15　archie dar. Angesichts des ursächlichen Zusammenhangs von Assimilation und sozialem Aufstieg scheint die Distanz, die bereits der Fünfjährige bei einem Besuch der Familie in Ungarn empfand, folgerichtig. [...]
Das Schwanken zwischen Zugehörigkeit und Entfremdung
20　nahm im Laufe der Jahre weiter zu. Besonders mit dem kontinuierlichen Anwachsen des Antisemitismus entstand das Gefühl, ein Fremder, ja Feind im eigenen Land zu sein (Schwarz, 1985, S. 81 f.).
Früh fühlte sich Schnitzler von der Bühne als Welt der Ver-
25　kleidungen, des Spiels und des Scheins angezogen. Nachdem der Vater bereits die eigene literarische Begabung gepflegt hatte und sich der Patientenkreis des Kehlkopfspezialisten

zum großen Teil aus Bühnenkünstlern zusammensetzte, för-
derte er die künstlerischen Neigungen des Sohnes. Mit achtzehn Jahren blickte dieser stolz auf eine Liste von dreiund-
zwanzig vollendeten und dreizehn begonnenen Dramen
zurück (Tgb. 25.05.1880).   5

Vom Arzt zum Schriftsteller
Wenngleich er „eine wirkliche Begabung oder auch nur ein
auffallendes Interesse nach der naturwissenschaftlichen Seite hin" (JiW 90)[1] bei sich nicht konstatieren konnte, inskri-
bierte Schnitzler 1879 – wie später auch sein Bruder Julius   10
– an der medizinischen Fakultät der Wiener Universität.
Dabei überwand er die Scheu vor dem Seziersaal schneller
als den Zweifel an seiner Berufung zum Mediziner. Negativ
berührte ihn der Antisemitismus, der in den 80er-Jahren an
der Hochschule bei Burschenschaften wie auch beim Militär 15
bereits virulent war und bald seinem Vater als Leiter der
Poliklinik zu schaffen machen sollte.
Das obligatorische Jahr als Freiwilliger leistete der jüdische
Medizinstudent bei den militärärztlichen Eleven des Wiener
Garnisonsspitals ab, die wegen des großen Anteils an Juden   20
und ihres Mangels an militärischer Haltung „Mosesdrago-
ner" genannt wurden. Seiner antimilitaristischen Gesinnung
verlieh er durch den Plan zu einem Aufsatz, der unter anderem die „Illiberalität der allgemeinen Wehrpflicht" (JiW *97*)
zum Thema haben sollte, schon früh Ausdruck (A. Clive   25
Roberts [1986], On the Origins of A. S.s Polemical Critique
of Patriotism, Militarism, and War, in: MAL 19, 3 – 4, S.
213 – 226). Als einer der wenigen Kriegsgegner verweigerte
er sich im August 1914 jenem Hurrapatriotismus, dem so
viele seiner Dichterkollegen die Autorität ihres Namens   30
liehen. Ebenso wenig aber gehörte er zu den Unterzeichnern
von Friedensappellen. Die nachgelassene Aphorismensamm-
lung „Und einmal wird der Friede wiederkommen" nimmt
später diese grundsätzlichen Überlegungen wieder auf.

---

[1] JiW: Arthur Schnitzler: Jugend in Wien. Eine Autobiografie.
     Herausgegeben von Therese Nickel und Heinrich Schnitzler. Wien/
     München/Zürich (Molden) 1968, S. 90

Nach der Promotion zum Dr. med. 1885 folgten zwei Jahre als Sekundararzt am Allgemeinen Krankenhaus und weitere fünf als Assistent seines Vaters an der Poliklinik. Auf dessen Initiative hin wurde er 1887 Redakteur der von Johann
5 Schnitzler begründeten „Internationalen Klinischen Rundschau". Neben einigen Rezensionen über medizinische Fachliteratur veröffentlichte der wenig ambitionierte Sohn dort seinen einzigen wissenschaftlichen Aufsatz. Bis zum Tode seines Vaters 1893 konnte sich Schnitzler dieser Autorität
10 nicht entziehen. [...]

Professor Johann
Schnitzler

Das Problem „Ehe"
Die Ehe als einzige gesellschaftlich sanktionierte Form der geschlechtlichen Beziehung zwischen Mann und Frau beschäftigte Schnitzler in Leben und Werk gleichermaßen.
5 Bezeichnend für die persönliche Bindungsangst ist das Resümee des 27-Jährigen in der Autobiografie. Mit Blick auf die dort verzeichneten Liebesabenteuer stellt er fest, „dass es noch zu früh für mich war, um in den Ehestand zu treten, dass ich noch als Junggeselle allerlei zu erleben hatte, um das
10 zu werden, was ich werden sollte" (JiW 316).

Auch in den 90er Jahren eilt Schnitzler weiterhin von einer
Geliebten zur nächsten, betrügt eine mit der anderen.
Abende mit einem „süßen Mädel" und leidenschaftliche
Briefwechsel mit der in Provinzstädten auftretenden Schauspielerin Marie Glümer oder mit der „Muse" Olga Waissnix 5
bilden Kontrapunkte zu der Affäre mit der Diva Adele Sandrock (Renate Wagner, Arthur Schnitzler und Adele Sandrock, Geschichte einer Liebe, Frankfurt 1975). Als 1894 die
Sängerin Marie Reinhard in seiner Arztpraxis erscheint, liegt
sein Verhältnis zu der Burgschauspielerin bereits in den 10
letzten Zügen, doch wagt er nicht, die Premiere der „Liebe-
lei" durch eine Trennung in Gefahr zu bringen.
Bei Marie Reinhard wird die Ehefrage erstmals akut, als sie
nach dreijährigem Verhältnis mit Schnitzler 1897 ein Kind
von ihm erwartet. Seine innere Auflehnung gegen den Zug- 15
zwang, in den er durch diese Situation geraten ist, seine
Entscheidung, eine Heirat zunächst bis nach der Geburt,
später dann bis auf Weiteres aufzuschieben und das Kind zu
fremden Leuten zu geben, die mit Marie Reinhard unter-
nommene Reise, schließlich ihre Einquartierung in einem 20
Wiener Vorort, beides, um die Schwangere den Augen der
Wiener Gesellschaft zu entziehen, während er selbst sich
mit einer verheirateten Frau in Ischl trifft – all das hat
Schnitzler später in seinem Roman „Der Weg ins Freie"
nacherzählt und aufgearbeitet. Zur Durchsetzung seines 25
egoistischen Freiheitsdranges nahm er in Kauf, der allgemein
vorherrschenden Heuchelei Vorschub zu leisten, indem er
die ungewollte Vaterschaft vertuschte. Symptomatisch für
seine ambivalente Haltung ist die maßlose Trauer über die
Totgeburt des Kindes und über den plötzlichen Tod Marie 30
Reinhards nach einem Blinddarmdurchbruch, zwei Jahre
später. Noch nach Jahren verzeichnet Schnitzler Träume in
sein Tagebuch, die ihn schmerzlich an die „Entschwundene"
erinnern.
Wenige Monate nach Marie Reinhards Tod erscheint 1899 35
die 18-jährige Schauspielschülerin Olga Gussmann in Schnitzlers Arztpraxis. Als auch Olga 1902 schwanger wird, wiederholt Schnitzler sein Zögern vor einer Heirat. Doch Olga
überwindet schließlich Schnitzlers Widerwillen gegen die
Ehe, nachdem sie aus der für die Entbindung gefundenen 40

Villa in der Hinterbrühl mit ihrem Sohn Heinrich nach Wien
zurückgekehrt ist. 1903 werden sie – trotz im Tagebuch
festgehaltener „Verzweiflung" des Bräutigams (22.05.1903)
– nach jüdischem Ritus im Tempel getraut. 42-jährig gründet
5 Schnitzler mit Olga und Heinrich den ersten eigenen Haus-
stand. Bis dahin hatte er als Junggeselle bei seiner Mutter
gewohnt. Die Ehe, die Schnitzler im Grunde nicht wollte,
wird überschattet von Olgas Unzufriedenheit über das Fehl-

Marie Reinhard

schlagen aller Ver-
suche, sich als Sänge-
rin zu etablieren.
Dazu kommen peri-
odisch wiederkeh- 5
rende Geldsorgen.
1910 kauft Schnitz-
ler, der ein Jahr zu-
vor erneut Vater ge-
worden war, mithilfe 10
eines Sparkassenkre-
dits und einer Anlei-
he bei seinem Bruder
Julius, einem erfolg-
reichen Chirurgen, 15
ein Haus in der Stern-
wartestraße 71, in
einem Villenviertel
von Wien. Die Ehe
hindert Schnitzler 20
nicht daran, sich in an-

Olga Schnitzler, geb. Gussmann

dere Frauen zu verlieben, doch erst als Olga 1918 ihrerseits
ein Verhältnis mit dem in seinem Haus verkehrenden Kom-
ponisten Wilhelm Groß beginnt, distanziert er sich vollends.
1921 wird er in München im Tempel geschieden. Schon we- 25
gen der beiden Kinder – Heinrich hat zwischenzeitlich eine
Schauspielausbildung begonnen, die 12-jährige Tochter Lili
bleibt im Haushalt des Vaters – reißt der Kontakt zu der nun
in Deutschland lebenden Olga nie ab.
Schnitzler nimmt nach 18-jähriger Ehe im Alter von 59 Jah- 30
ren sein Junggesellenleben wieder auf. Er weigert sich sowohl gegenüber Olga, die wiederholt zu ihm zurück will, wie
auch gegenüber Clara Katharina Pollaczek, seiner neuen
Gefährtin, die zurückgewonnene Unabhängigkeit aufzuge-
ben. Der Briefwechsel mit der wesentlich jüngeren Vereh- 35
rerin Hedy Kempny (Heinz P. Adamek, Hedy Kempny –
Arthur Schnitzler, Das Mädchen mit den dreizehn Seelen,
Reinbek 1984) und das testamentarische Vermächtnis an
Suzanne Clauser, die seine Werke ins Französische übersetzte und alle daraus resultierenden Einkünfte und Rechte 40

geerbt hat, deuten an, dass Schnitzler im Alter enge freund-
schaftliche Beziehungen zu verschiedenen Frauen pflegte.
Glücklos endete nicht nur seine eigene Ehe, sondern auch
die seiner Tochter Lili, die, erst 17-jährig, 1927 einen zwan-
5 zig Jahre älteren, sich zum Faschismus bekennenden italie-
nischen Offizier heiratete und mit ihm nach Venedig zog.
Bereits ein Jahr später beging Lili Selbstmord. Schnitzler
führte die als Ursache für diese Tat erkannte Schwermut,
die er auch bei sich selbst und einigen Mitgliedern seiner
10 Familie feststellte, auf Erbanlagen zurück. Dass auch zeit-
und generationsspezifische Gründe eine Rolle gespielt haben
mögen, zeigt die fatale Parallele zu Hofmannsthal, der ein
Jahr nach Lilis Selbstmord seinen ältesten Sohn Franz auf
dieselbe Weise verlor. Sogar zu Freud, der 1920 seine Toch-
15 ter Sophie bei einer Grippeepidemie verloren hatte, stellt
sich, vermittelt über das tragische Ereignis, eine Gemein-
samkeit her:
„Neulich im Traum: dass ich [...] bei Freud bin, – um mir
(ungefähr) den Schmerz um Lili wegnehmen zu lassen, und
20 Freud mir sagt, auch er habe eine Tochter verloren (wie
wirklich der Fall)" (Tgb. 14.10.1928).
Drei Jahre vor seinem eigenen Tod befindet sich Schnitzlers
Familie in desolatem Zustand. Er stirbt allein in seinem Haus
am 21. Oktober 1931, nach jahrzehntelangem, immer stär-
25 ker werdenden Ohrenleiden, das mit fortschreitendem
Taubwerden seine physische und psychische Isolation vor-
antrieb, an einem Gehirnschlag. Abgesehen von zahlreichen
Reisen hat er Wien nicht verlassen.
[...]

Aus: Michaela L. Perlmann: Arthur Schnitzler. Stuttgart und Weimar: J. B. Metzler
2004, S. 18–27

Die Villa Sternwartestraße 71 in Wien. Hier wohnte Schnitzler von 1910 bis zu seinem Tode 1931.

Arthur Schnitzler: Jugend in Wien
(Auszug: Die Angst vor der Ehe)

Schnitzler selbst reflektierte seine Neigung zu wechselnden Liebesverhältnissen und sein negatives Verhältnis zur Ehe in seinen Tagebüchern.

[...] Nachdem fast ein Jahr seit jenem Reichenauer Besuch zwischen Berlin und London verstrichen war, schrieb sie[1] mir im Frühjahr 89, dass sie mich beim Derby-Rennen zu treffen hoffe. Aber es war keine glückliche Stunde, in der
5 wir einander wiederbegegneten. Nur ein paar Worte wechselte ich mit ihr im Beisein ihres Vaters; – plötzlich entließ sie mich mit einem kühl-gnädigen „Auf Wiedersehen", und ich wäre für den Rest des Nachmittags kaltgestellt gewesen, wenn nicht von anderswo ein Hauch der Wärme über mich
10 gekommen wäre. Dieser Hauch aber kam nicht von Adele, die zwischen dem Gatten und dem Liebhaber, der es angeblich nicht war, mehr wie ein Typus als wie eine lebendige Gestalt über den Rasen schritt und die ich nur im Vorübergehen begrüßen durfte, – sondern von Helene Herz, die
15 jungmädchenhaft und hold neben mir einherging, gerade als mein Gruß von Adele mit schwimmenden Augen erwidert wurde. „Ihre Freundin?", fragte Helene sanft. – „Wie?", fragte ich, als wüsste ich nicht recht, was denn ein holdes junges Mädchen mit solch einer Frage wohl meinen mochte.
20 „Sie haben mich ganz gut verstanden", sagte sie und blickte unter dunklen Wimpern vor sich hin. Ich erwiderte nichts. Alle vernünftigen Leute redeten mir zu, ich solle sie heiraten, vor allem ihre intimste Freundin, meine Cousine Else, die Tochter meines Onkels Edmund, ein kluges, herbes, hüb-
25 sches Wesen, das mich recht gern hatte und mich nebstbei ein wenig verachtete. Und ich selbst gestand mir ein, dass von allen Zukunftsaussichten eine Ehe mit Helene mir im Grunde doch die weitaus sympathischste wäre. Warum also entschloss ich mich nicht, um sie anzuhalten? Gewiss nicht
30 um Jeanettens willen, obzwar diese mir erst kürzlich geschworen hatte, der Tag meiner Hochzeit werde ihr Todes-

---

[1] Adele Sandrock (vgl. Michaela Perlmann: Biografisches, S. 51)

tag sein; und noch weniger waren es die andern, die mich
von diesem Schritt zurückhielten, diese andern, um die ich
mich ohne rechte Energie bemühte und nach denen mich
ohne Leidenschaft verlangte, nicht Olga[1], das Abenteuer
meines Lebens, das mir nun ziemlich verblasst erschien, 5
nicht Adele, die dämonische Gans, nicht Mizi Rosner, das
lüstern-spielerische, trotzig-süße Mädel, – und gewiss nicht
jene Malvine, die immer wieder in den Blättern meines Ta-
gebuchs auftaucht, sich bald ein Gratisbillett für das Polikli-
nikkränzchen abholt und sich durch kleine Zärtlichkeiten 10
während des Tanzes revanchiert, bald als Sängerin in einem
Konzert mitwirkt, dem ich wahrscheinlich beigewohnt habe,
und die mir so völlig aus dem Gedächtnis entschwunden ist,
als wäre ich ihr nie begegnet; – keine von allen diesen, – und
am allerwenigsten war der Grund meines Zögerns derjeni- 15
ge, den ich mir selber einbildete, dass Helene nicht reich
genug für mich und dass ich auf eine reichere Frau angewiesen
sei. Der wahre Grund war der, dass es noch zu früh für mich
war, um in den Ehestand zu treten, dass ich noch als Junggeselle allerlei zu erleben hatte, um das zu werden, was ich 20
werden sollte, – so viel oder so wenig es am Ende war.
Das klingt nach Fatalismus und ist doch keiner. Ich glaube
nicht an eine Vorsehung, die sich um Einzelschicksale kümmert. Aber ich glaube, es gibt „Einzelne", die um sich *wissen*,
auch dann, wenn sie bestenfalls zu *ahnen* vermeinen, und die 25
aus freier Wahl ihre Lebensentscheidungen treffen, auch
dort, wo sie denken, nur vom Zufall der Ereignisse und von
Stimmungen getrieben worden zu sein, und die stets auf dem
rechten Weg sind, auch wo sie sich anklagen, geirrt oder
irgendetwas versäumt haben. Mit all dem ist freilich nicht 30
gesagt, dass gerade ich ein Recht habe, mich zu diesen Einzelnen zu zählen; aber wie sollte, ja wie könnte man überhaupt leben, schaffen und sich manchmal des Lebens freuen,
wenn man sich's nicht einbildete, zu diesen Auserwählten
zu gehören? 35

Aus: Arthur Schnitzler: Jugend in Wien. Eine Autobiografie. Herausgegeben von
Therese Nickel und Heinrich Schnitzler. Wien/München/Zürich: Molden 1968,
S. 321 ff.

---

[1] Olga Gussmann (vgl. Michaela Perlmann: Biografisches, S. 51)

2. Wien um 1900

In Wien bewirkte der nach dem verlorenen Krieg gegen Preußen (1866) einsetzende wirtschaftliche Aufschwung eine Modernisierung, die das soziale Gefüge der alten Kaiserstadt veränderte. Diese Veränderung bildete sich augenfällig in der Topografie Wiens ab, wo die Ringstraße die alten Wälle ersetzte. Die Ringstraße repräsentierte die neue bürgerliche Oberschicht aus Wirtschaft und Kultur, zu der auch die Familie Schnitzlers gehörte.

Dagmar Lorenz: Wien als gesellschaftlich-kulturelle Gesamtsituation um 1900

Robert Musil, dessen Novelle *Die Verwirrungen des Zöglings Törleß* im Jahr 1906 erschien, sollte in seinem späteren Roman *Der Mann ohne Eigenschaften* die politische Gesamtlage des Habsburgerreiches, von ihm als „Kakanien"

5 bezeichnet, als Groteske beschreiben:

„Es nannte sich schriftlich Österreichisch-Ungarische Monarchie und ließ sich mündlich Österreich rufen; mit einem Namen also, den es mit feierlichem Staatsschwur abgelegt hatte, aber in allen Gefühlsangelegenheiten beibehielt, zum

10 Zeichen, daß Gefühle ebenso wichtig sind wie Staatsrecht und Vorschriften nicht den wirklichen Lebensernst bedeuten. Es war seiner Verfassung nach liberal, aber es wurde klerikal regiert. Es wurde klerikal regiert, aber man lebte freisinnig. Vor dem Gesetz waren alle Bürger gleich, aber

15 nicht alle waren eben Bürger. Man hatte ein Parlament, welches so gewaltigen Gebrauch von seiner Freiheit machte, daß man es gewöhnlich geschlossen hielt; aber man hatte auch einen Notstandsparagraphen, mit dessen Hilfe man ohne Parlament auskam, und jedesmal, wenn alles sich

20 schon über den Absolutismus freute, ordnete die Krone an, daß nun doch wieder parlamentarisch regiert werden müsse. Solcher Geschehnisse gab es viele in diesem Staat, und zu ihnen gehörten auch jene nationalen Kämpfe [...]. Sie waren so heftig, daß die Staatsmaschine mehrmals im Jahr

25 stockte und stillstand, aber in den Zwischenzeiten und Staatspausen kam man ausgezeichnet miteinander aus und

Kaiser Franz Joseph I.

tat, als ob nichts geschehen wäre"[1] (Musil, hg. v. A. Frisé
1978, S. 33).

So skurril die Schilderung sich ausnimmt: die von Musil ge-
nannten widersprechenden Tendenzen waren charakteris-
5 tische Einzelzüge der Habsburgermonarchie im letzten Viertel des 19. Jahrhunderts. Seit dem Ausgleich mit Ungarn
(1867) existierten faktisch zwei weitgehend selbständige
Staaten – Österreich und Ungarn – innerhalb eines Reiches.
Daneben gab es die mittelalterlich-feudal definierten Kron-
10 länder und es gab die Nationalitäten innerhalb der Reichs-
grenzen, die Tschechen, Slowaken, Slowenen, Ruthenen in
Österreich, die Serben und die Rumänen in Ungarn. Nicht
weniger als 15 ethnische Gruppen, 12 Hauptsprachen, 5
Religionen und mindestens 5 eigenständige kulturelle Tradi-
15 tionen (Brix 1990, S. 136) umfasste dieses Gebilde, an dessen Spitze ein habsburgischer Kaiser stand, der, gewissermaßen erstarrt in einem Netz archaischer Hofkonventionen,
zusehends den Kontakt mit den gesellschaftlichen Realitäten
seiner Zeit verlor.

20 Divergierende soziale, wirtschaftliche, juristische (!) und
kulturelle Entwicklungen sorgten für ein latentes Spannungs-
gefüge zwischen den einzelnen Nationalitäten untereinander
sowie mit der Zentralmacht, die immer weniger in der Lage
war, die jeweiligen nationalen Autonomiebestrebungen
25 kontrollieren zu können (Rumpler 1991). Doch zugleich
stellten sich die Beziehungen der einzelnen Teile des Ge-
samtstaates zueinander als derart komplex und ineinander
verwoben dar, dass gerade solche Heterogenität das über-
nationale Selbstverständnis der Donaumonarchie prägte.

30 Die Methodik, welche die kulturwissenschaftliche Richtung
der ‚Postcolonial Studies' bietet, mag sich – nach Csáky,
Feichtinger, Karoshi und Munz – bei der Analyse der Differenzen, Mehrdeutigkeiten und Vielfachcodierungen im habs-
burgischen Vielvölkerstaat als hilfreich erweisen (dieselben
35 2004c, S. 13–43).

Im Zusammenhang mit der Herausbildung der geistig-kultu-
rellen Moderne ist insbesondere erwähnenswert, dass ihre
herausragenden Persönlichkeiten einer Generation ange-

---

[1]   aus Gründen der Texttreue nicht in reformierter Schreibung

hörten, die ihre Bildungsgrundlagen dem klassischen Bil-
dungsprogramm des gründerzeitlichen Gymnasiums ebenso
verdankte (vgl. dazu Leitner 1999, S. 267–293; Rinofner-
Kreidl 1998) wie dem spezifischen ästhetisch-kulturellen
Milieu im Wien jener Jahre. Ob der aus bescheidenen Sozi-   5
alverhältnissen stammende Sigmund Freud (geb. 1856) oder
Arthur Schnitzler (geb. 1862), Sohn des angesehenen Uni-
versitätsprofessors und Chefarztes der Wiener Poliklinik,
Johann Schnitzler, ja selbst die Jüngeren wie der Großbür-
gerssohn Hugo von Hofmannsthal (geb. 1874) oder der aus   10
einer adligen Künstler- und Gelehrtenfamilie stammende
Leopold Andrian (geb. 1875 als Leopold Reichsfreiherr von
Andrian-Werburg) – sie alle wurden gewissermaßen hineingeboren in eine politische und wirtschaftliche Aufschwungs-
periode, die – obwohl im Vergleich zum übrigen Europa   15
verzögert – in den 1860er Jahren ein liberal orientiertes
Bürgertum entstehen ließ.
Der verlorene Krieg gegen Preußen (1866) provozierte eine
Haltung außenpolitischer Zurückgezogenheit, eine Konzentration auf die eigene wirtschaftliche, mithin aber auch kul-   20
turelle Entwicklung, die Carl Schorske als kompensatorische
Reaktion gegen das preußische Berlin interpretiert (Schorske
1982). Im Zuge der Niederlage gegen Preußen und des sich
abzeichnenden wirtschaftlichen Aufschwungs gelangte die
Deutsch-Liberale Verfassungspartei an die Regierung. Sie   25
stellte zwischen 1867 und 1878 die Kabinette. Freilich beruhte ihre politische Macht nicht auf der eigenen Stärke,
sondern auf der Schwäche der altadelig-klerikalen Kräfte.
Die gesellschaftliche Grundlage des Industrie- und Handels-
bürgertums blieb verhältnismäßig ungefestigt, beruhte sie   30
doch in einem weitgehend agrarisch geprägten Großreich
auf den deutsch-österreichisch-jüdischen Unternehmer-
und Kaufmannsschichten, die lediglich in den städtischen
Zentren des Habsburger Vielvölkerstaates an Bedeutung
gewannen. Im städtischen Zentrum des Habsburgerreiches   35
par excellence, in Wien also, bewirkte der wirtschaftliche
Aufschwung eine Modernisierung, die das soziale Gefüge der
alten Kaiserstadt in den folgenden Jahrzehnten verändern
sollte.

In augenfälliger Weise bildete sich etwa die Verschiebung des Sozialgefüges ab in der topografischen Struktur der alten Habsburgerhauptstadt Wien. Zu dem von barock-katholisierender Kultur geprägten altösterreichischen Hochadel
5 und der kaiserlichen Verwaltungsbürokratie drängte sich bald eine Schicht von wirtschaftsstarken Emporkömmlingen, die sich den Ideen eines wissenschaftsgläubigen Liberalismus verpflichtet fühlte. Bereits ab 1857 hatte man mit dem Abriss der alten Festungswälle Wiens begonnen (Lichtenberger
10 1970, S. 17 f.) – und damit scheinbar eine städtebauliche Neuordnung initiiert, wie sie in anderen europäischen Hauptstädten (etwa Paris) mit dem Bau schnurgerade angelegter Avenuen und Boulevards vollzogen wurde. Der städtebauliche Neuentwurf in Wien entpuppte sich jedoch –
15 etwa im Vergleich zu Paris – nicht nur als weitaus weniger radikale Umgestaltung, er war offenbar auch mit anderen programmatischen Absichten verknüpft. An die Stelle der alten Wälle trat die Ringstraße, deren charakteristische Gestalt für Rüdiger Görner eine Moderne bezeichnet, die „den
20 Durchbruch ins Zirkulare" „vollzog" und den „Fortschritt als Kreisbewegung" „wagte", wobei – ebenfalls im Gegensatz zu Paris – das labyrinthische Gewirr der alten Wohnviertel im Inneren erhalten blieb (Görner 2002, S. 105). Die äußeren Schauseiten der Ringstraße freilich, wurden – einer
25 Kette ähnlich – sozusagen mit architektonischen Schmuckstücken besetzt: mit repräsentativen Staatsbauten, hochherrschaftlichen Stadthäusern und historisierenden Fassaden, die als neugotische, neobarocke und renaissancehafte Stilnachahmungen dekoriert wurden. Carl E. Schorske hat
30 darauf verwiesen, dass etwa der sogenannte Rathaus-Bezirk mit seinen vier öffentlichen Gebäuden das steingewordene Wertesystem des Liberalismus darstellte: die parlamentarische Regierung im Gebäude des Reichsrats, die städtische Selbstverwaltung im Rathaus, die höhere Bildung in der Uni-
35 versität und die Schauspielkunst im Burgtheater (Schorske 1982, S. 35). Zweifellos aber handelt es sich hier auch um das Bemühen, städtische Identität herzustellen. Indem man sich in der Architektur aus dem stilistischen Fundus vergangener Epochen bediente, suchte man aus dem Geist der
40 Vergangenheit eine neue übergreifende Identität in der

Gegenwart zu gewinnen – zumal in einer Stadt, deren Ein-
wohner aus den unterschiedlichen Regionen des Habsburgerreiches stammten (vgl. dazu Csáky 2004b, S. 26; Holzer-
Kernbichler/Nußbaumer/u. a. 2004c, S. 129–163).
Die Ringstraße galt schon den Söhnen der Gründergenera-   5
tion als Synonym für die Repräsentationswelt der Väter
(Janz/Laermann 1977; Schorske 1982, S. 24 f.). Und nicht von
ungefähr wird die Epoche der Gründerzeit in der österreichischen Fachliteratur auch als „Ringstraßenzeit" bezeichnet
(Springer 1979; Rossbacher 1992), bietet doch die Wiener   10
Ringstraße in ihren einzelnen geografischen Teilabschnitten
einen repräsentativen Querschnitt durch die bürgerlichen
Aufsteigerschichten der Gründerzeit. Elisabeth Lichtenberger hat nachgewiesen, dass es, neben dem traditionellen
Hochadel und den in seiner Nachbarschaft ansässigen Lu-   15
xus-Gewerbebetrieben, einer vom industriellen Zeitalter
geprägten bürgerlichen Oberschicht vorbehalten war, her-
ausragende Ringstraßen-Viertel zu besetzen. Es waren dies
hohe Verwaltungsbeamte, Universitätsangehörige, Bankiers,
zahlreiche Angehörige freier Berufe, wie Kaufleute, Rechts-   20
anwälte, Ärzte (Lichtenberger 1970, S. 63).
Viele von ihnen, wie etwa auch die Eltern Arthur Schnitzlers,
zählten zu den zahlreichen jüdischen Untertanen des k.u.k.-
Reiches, die einst in der Hoffnung auf gesellschaftlichen Aufstieg aus den wirtschaftlich unterentwickelten Gebieten, wie   25
etwa Galizien oder Ungarn, nach Wien gekommen waren,
und, sofern sie erfolgreich waren, die eigentlichen deutsch-
österreichischen Kultureliten darstellten. Die Judenemanzi-
pation des 19. Jahrhunderts hatte ihnen die staatsbürgerliche
Gleichstellung versprochen. Und die Assimilation qua An-   30
eignung deutsch-österreichischen Kulturerbes fügte dem
wirtschaftlichen Aufstieg noch die gesellschaftliche Reputa-
tion bei. Die zu Wohlstand gelangte Vätergeneration der
späteren Jung-Wiener Modernen war eine mit liberalem
Fortschritts- und Vernunftoptimismus ausgestattete Bürger-   35
schicht. In seiner autobiografischen Rückschau spricht Stefan
Zweig über das ausgeprägte Sicherheitsbedürfnis dieser
Vätergeneration und bezeichnet damit indirekt auch die verdrängte Kehrseite der Ringstraßengesellschaft: ihre heim-
liche Angst vor dem in ihre Welt einbrechenden Unbere-   40

chenbaren (vgl. Zweig, Ausg. 1980, S. 14 f.). Diese Ambivalenz
ist selbst unter der Oberfläche der offiziösen Kultur jener
Epoche aufzuspüren, die vor allem eine Kultur der Selbstre-
präsentation war. In ihrem Bemühen, sich an die alten Adels-
5 Oberschichten anzugleichen, orientierte sich die neue, bürgerliche Oberschicht am Lebensstil des Adels, d. h., als
Statussymbole boten sich vor allem die „musikalischen und
schaukulturellen Geschmackstraditionen des alten Adels" an,
wie Karlheinz Rossbacher in seiner Untersuchung über Lite-
10 ratur und Liberalismus (Rossbacher 1992, S. 17 f.) betont.
[...]

Aus: Dagmar Lorenz: Wiener Moderne. Stuttgart und Weimar: J.B. Metzler 2007,
S. 13–17

Bibliografie
– Brix, Emil: Das österreichische und internationale Interesse am
  Thema „Wien um 1900". In: Brix/Werkner 1990, S. 136–150
– Csáky, Moritz: Die Moderne in Wien und in Zentraleuropa. In:
  Moderne/Modernismus/Modernisierung. Materialien der Konfe-
  renz Epoche „Moderne". Normen und Ausnahmefälle in der
  europäischen Kultur um die XIX–XX. Jahrhundertwende.
  Russland, Österreich, Deutschland, Schweiz. Moskau 2004,
  S. 21–46
– Csáky, Moritz/Feichtinger, Johannes/Karoshi, Peter/Munz,
  Volker: Pluralitäten, Heterogenitäten, Differenzen. Zentraleuro-
  pas Paradigmen für die Moderne. In: Csáky/Kury/Tragatschnig
  (Hrg.): Kultur, Identität, Differenz. Wien und Zentraleuropa in
  der Moderne. Innsbruck 2004, S. 13–43
– Görner, Rüdiger: Ringstraße oder Square. Junges Wien und Dan-
  dyismus. In: Eicher, Thomas (Hrg.): Grenzüberschreitungen um
  1900. Österreichische Literatur im Übergang. Oberhausen
  2002
– Holzer-Kernbichler, Monika/Nußbaumer, Martina/Senarclens de
  Grancy, Antje/Stadler, Elisabeth/Stromberger, Monika/Uhl, Hei-
  demarie/Wilding, Peter: Stadt(leit)bilder. Imaginationen und
  Konzepte der modernen Stadt um 1900. In: Csáky/Kury/
  Tragatschnig (Hrg.): Kultur, Identität, Differenz. Wien und Zentraleuropa in der Moderne. Innsbruck 2004, S. 129–163
– Janz, Rolf-Peter/Laermann, Klaus: Arthur Schnitzler. Zur Diagno-
  se des Wiener Bürgertums im Fin de siècle. Stuttgart 1977
– Leitner, Rainer: Das Gymnasium als identitätsstiftende Instituti-
  on der Wiener Moderne vor dem Hintergrund einer pluralisti-

schen Gesellschaft. In: Kernmayer, Hildegard (Hrg.): Zerfall und Rekonstruktion. Identitäten und ihre Rekonstruktion in der Österreichischen Moderne (Studien zur Moderne 5). Wien 1999, S. 267–293

– Lichtenberger, Elisabeth: Wirtschaftsfunktion und Sozialstruktur der Wiener Ringstraße. Herausgegeben von Renate Wagner-Rieger. Wien/Köln/Graz 1970
– Musil, Robert: Der Mann ohne Eigenschaften. Roman. Herausgegeben von Adolf Frisé. Hamburg 1978
– Rinofner-Kreidl, Sonja (Hrg.): Zwischen Orientierung und Krise. Zum Umgang mit Wissen in der Moderne (Studien zur Moderne 2). Wien/Köln/Graz 1998
– Rossbacher, Karlheinz: Literatur und Liberalismus. Zur Kultur der Ringstraßenzeit in Wien. Wien 1992
– Rumpler, Helmut (Hrg.): Innere Staatsbildung und gesellschaftliche Modernisierung in Österreich und Deutschland 1867/71–1914. München 1991
– Schorske, Carl E.: Wien. Geist und Gesellschaft im Fin de siècle. Dt. von Horst Günther. Frankfurt a. M. 1982
– Springer, Elisabeth: Geschichte und Kulturleben der Wiener Ringstraße. Herausgegeben von Renate Wagner-Rieger. Wiesbaden 1979
– Zweig, Stefan: Die Welt von Gestern. Erinnerungen eines Europäers. Frankfurt a. M. 1980

Kaiser Franz Joseph I.

3. Militär und Gesellschaft

Das Militär war wesentliche Stütze der k. u. k.-Monarchie und spielte eine entsprechende gesellschaftliche Rolle. Für die jungen Männer aus dem Adel und dem gehobenen Bürgertum war der militärische Dienst eine gesellschaftliche Notwendigkeit. Für kleinbürgerliche Schichten bot er im Rahmen der starren gesellschaftlichen Strukturen eine Aufstiegsmöglichkeit.

Schnitzler selbst diente der Armee als Einjährig-Freiwilliger im Garnisonsspital Nr. 1 in Wien. Dass die Uniform Ansehen und nicht unwesentliche Vorteile bei erotischen Abenteuern verschaffte, kostete er, wie seinem autobiografischen Rückblick auf diese Zeit zu entnehmen ist, reichlich aus. Andererseits empfand er das Leben zwischen Militärdienst, Liebeleien und Kaffeehaus als langweilig und „öd".

Diese Erfahrungen sind ebenso in Schnitzlers Konzeption des „Gustl" eingeflossen wie die Tradition und Praxis des Duells als „eine für den Offizier zulässige Form der Aggressionsabfuhr" (Konstanze Fliedl, Nachwort zu Arthur Schnitzler, Lieutenant Gustl, Stuttgart [Reclam] 2002, S. 91). Schnitzler geht an verschiedenen Stellen seiner Tagebücher darauf ein und seine Dramen der 90er Jahre thematisieren die Absurdität des Duellzwangs. Als allerdings 1896 mit dem „Waidhofener Beschluss" der Deutschnationalen Studenten die Juden für satisfaktionsunfähig erklärt wurden, änderte sich seine Haltung. „Die Verteidigung der Ehre, die zuvor als absurdes Männlichkeitsritual bloßzustellen war, wurde paradoxerweise zur Notwendigkeit, sobald man davon ausgeschlossen war" (Konstanze Fliedl, a. a. O., S. 92/93).

Ute Frevert: Ehrenkodex und Duell im Offizierskorps

Während der bürgerliche Ehrbegriff [...] in beruflicher Pflichterfüllung und staatsbürgerlichem Respekt vor dem Gesetz bestand, verfügten Offiziere im Duell über ein sehr viel ausdrucksstärkeres Ehrenzeichen, von dem sie trotz
5 aller Kritik nicht lassen wollten. Zur Rechtfertigung des Zweikampfs als ‚Auskunftsmittel' militärischer Ehre verwies

man zum einen auf die Tradition adlig-militärischer Ehrenwahrung, zum anderen auf die besondere Affinität des Duells
zum soldatischen Charakter. Letzterer zeichne sich durch
Gradlinigkeit, Entschlusskraft und Mut aus, der sich im Augenblick der Gefahr bis zur Lebensverachtung steigern kön- 5
ne. Ein Offizier, der diese Eigenschaften vermissen lasse,
habe seinen Beruf verfehlt und sei für die Armee schon allein
deshalb untragbar, weil er seinen Untergebenen ein
schlechtes Beispiel gäbe und damit die Kampfkraft der Truppe schwäche. Um der Mannschaft im Krieg ein Vorbild an 10
persönlicher Bravour und Konsequenz sein zu können, müsse er die ihm zugeschriebenen Charaktermerkmale auch im
Frieden pflegen und zur Schau stellen.
So argumentierte 1839 der preußische General von Müffling
in einem amtlichen Gutachten. [...] 15
Die Ehre des Offiziers war per definitionem Standesehre,
korporativ verfasst, normiert und kontrolliert. Für sie galt
in besonderer Weise die Beobachtung Georg Simmels, der
zu Beginn des 20. Jahrhunderts [...] Ehre als Medium ständischer Vergesellschaftung begriff [und] auf die Verknüpfung 20
von individueller und Standesehre hinwies. Ehre sei, so Simmel, neben Moral und Recht ein zentrales Mittel sozialer
Selbsterhaltung, das von jenen „Sondergruppierungen" genutzt werde, welche zwischen Gesellschaft und Individuum
stünden. Während das Recht die „Selbsterhaltungsform" 25
der Gesellschaft und Moral die des Individuums sei, reprä-
sentiere Ehre ein Standesphänomen, das sich umso deut-
licher auspräge, je größer die innere Kohäsion des Standes
sei. Zweck der Ehre sei es, einen sozialen Kreis „in seinem
Zusammenhalt, seinem Ansehen, der Regelmäßigkeit und 30
Fördersamkeit seiner Lebensprozesse" zu stabilisieren und
gegen andere ‚Kreise' oder Stände abzuschließen. Dabei
nehme sie zwischen Moral und Recht eine Mittelstellung ein,
indem sie „äußere Zwecke durch innere Mittel" bewirke:
„Ihre Verletzung wird von Strafen bedroht, die weder die 35
eine Innerlichkeit des moralischen Vorwurfs noch die körperliche Gewalt der rechtlichen Sphäre besitzen." Auf diesem Wege gelinge es, die von der Korporation verwaltete
und eingeforderte Ehre in individuelles Handeln zu überset-
zen oder, in Simmels Worten, „dem Individuum die Bewah- 40

rung seiner Ehre als sein innerlichstes, tiefstes, allerpersönlichstes Eigeninteresse zu infundieren". In einer solchen
Übertragung „sozialer Pflicht" in „individuelles Heil" liege
die „spezifische Leistung" der Ehre, die sie zu einem unge
5 mein erfolgreichen Stabilisator ständischer Formationen
erhebe. Gerade wegen der „rein personalen Form ihrer
Erscheinung und ihres Bewusstseins" konstituiere sie „eine
der wunderbarsten, instinktiv herausgebildeten Zweckmä
ßigkeiten zur Erhaltung der Gruppenexistenz".[1]
10 Den besten Beweis für die Angemessenheit dieser soziologischen Kategorisierungen führte das Offizierskorps, das
aufgrund seiner sozialen Abgeschlossenheit optimale Bedingungen für die Ausformung einer besonderen, korporativ
normierten und individuell praktizierten Ehre bot. Sie über
15 nahm, wie sich der preußische General von Borstell 1821
ausdrückte, die Funktion eines „Bindungs- und Verwarnungsmittels", das besser als alle Disziplinargesetze in der
Lage sei, den Offizierstand „in sich einig und rein und bei
den Gebildeten und Ungebildeten in allen Volksständen in
20 Achtung [zu] erhalten"[2]. Stellte sie einerseits die korporative Gleichheit der Offiziere unabhängig von Dienstalter und
Rangstufe her, sicherte sie andererseits die innere Homogenität des Standes, der Ehre als ein verbindliches Lebensprinzip statuierte. Als solches fungierte sie zugleich als Un
25 terscheidungszeichen gegenüber Außenstehenden, als ein
besonderes Distinktionsmerkmal des Offizierskorps, dessen
Ehre so hoch zu veranschlagen war, dass sie das Opfer
physischer Verletzung allemal wert schien.
Was diese Ehre inhaltlich auszeichnete, blieb weithin unaus
30 gesprochen; wenn überhaupt Versuche zu einer positiven
Definition unternommen wurden, mündeten sie in der Regel
in eine Beschwörung des „ritterlichen Sinns", der allen Offizieren eigen sein müsse. Darunter verstand man nach Ansicht des Herzogs Karl zu Mecklenburg, der den Dienstvor
35 schriften des preußischen Gardekorps 1828 eine

1 Simmel, G.: Soziologie. Untersuchungen über Formen der Vergesellschaftung, 5. Aufl., Berlin 1968, S. 403–406
2 In: Demeter, K.: Das deutsche Offizierskorps in Gesellschaft und
Staat 1650–1945, 4. Aufl., Frankfurt 1965, S. 280

entsprechende Vorrede voranstellte, die „allgemeine Achtung jedes Standes, persönliche Bescheidenheit und feines
Betragen gegen achtbare Frauen".
Besser ließ sich die militärische Standesehre offensichtlich
durch das kennzeichnen, was sie nicht war. Mit einem Ka- 5
talog solcher Negativ-Definitionen wartete eine Verord-
nung auf, die Friedrich Wilhelm IV. 1843 über Ehrengerichte
im preußischen Heer erließ. Zu den „Handlungen und Un-
terlassungen", die mit der Offiziersehre nicht vereinbar
seien, gehörten danach unter anderem „Mangel an Ent- 10
schlossenheit", Schulden, unpassender gesellschaftlicher
Umgang, Mangel an Verschwiegenheit, Neigung zu unmä-
ßigem Alkoholkonsum und Glücksspiel.[1] Jenseits solcher
manifesten Verfehlungen, derer sich Offiziere schuldig machen konnten und die im schlimmsten Fall zu ihrer Entfer- 15
nung aus der Armee führten, konnten Ehrverletzungen aber
auch im Umgang der Offiziere untereinander vorfallen. Dem
Aktionsfeld persönlicher Beleidigungen waren dabei keine
Grenzen gesetzt: Ein abschätziges Wort, ein ironischer
Blick, die Unterlassung eines Grußes, das Übergehen eines 20
Kameraden bei einer gesellschaftlichen Einladung – all dies
konnte als Angriff auf die individuelle Ehre gedeutet werden.
Schlimmer noch als Schimpfwörter oder Unterlassungs-
handlungen waren Tätlichkeiten – eine Ohrfeige, ein Schlag
mit dem Stock oder Degen. Solche Verletzungen der phy- 25
sischen Integrität rangierten ungefähr auf gleicher Stufe wie
Einbrüche in die ,häusliche' oder ,Familienehre' eines Offiziers. Hatte ein Kamerad seine Tochter oder Ehefrau ver-
führt, galt dies ebenso wie eine direkte körperliche Miss-
handlung als Ehrenkränkung, die durch keine Entschuldigung 30
oder Abbitte wiedergutgemacht werden konnte.
Verfehlungen dieser Art wurden selbst dann, wenn sie sich
ausschließlich zwischen zwei Offizieren abgespielt hatten,
von der Gesamtheit der Standesgenossen aufmerksam re-
gistriert und beobachtet. Beleidigungen waren niemals Pri- 35
vatangelegenheiten, sondern tangierten stets das Offiziers-

---

[1] Fleck, E.: Die Verordnungen über die Ehrengerichte im Preußischen
    Heere und über die Bestrafung der Offiziere wegen Zweikampfs,
    3. Aufl., Berlin 1865, S. 3 f.

korps als Ganzes. Obgleich jeder Offizier auf seine ‚persönliche Ehre' zu achten hatte, handelte er dabei immer auch, wenn nicht sogar in erster Linie, als Standesperson. Gerade weil die militärische Standesehre hoch über allen anderen Ehren angesiedelt war, musste sie im Innern des

Holzstich (1890): Duell „Um nichts". Nach einem Gemälde von Ernst te Peerdt (1852–1932)

Standes, wie General von Borstell vermerkte, „zart behandelt und makellos erhalten" werden. Jeder einzelne Offizier stand für die Korporation insgesamt ein, ebenso wie Letztere ihre Mitglieder vor äußeren Angriffen bedingungslos in Schutz nahm. Die homogene und geschlossene Struktur des Offizierskorps beruhte demnach auf einer inneren Disziplin, die nur durch Internalisierung und strenge korporative Kontrolle des militärischen Ehrenkodexes erreicht wurde.
[…]
Der Ehrenkodex des Offizierskorps ließ dem beleidigten Offizier keine andere Wahl, als die Beleidigung mit einem Duell zu ahnden. Eine gerichtliche Klage, wie sie das zivile Strafrecht in solchen Fällen anheimstellte, kam für ihn offensichtlich nicht infrage.
[…]
Dass allein schon das Gerücht, eine Forderung zum Duell abgelehnt zu haben, schwerwiegende soziale Folgen nach sich ziehen konnte, erlebte 1823 der bremische Hauptmann Carl Ludwig Wermuth. Beim Bürgermeister beklagte er sich darüber, dass ihn jene Unwahrheit in die „unglücklichste und verderblichste" Lage versetzt habe, „in der ein Offizier sich befinden kann". Im gleichen Jahr schickte der Bremer Leutnant Bornemann dem dortigen Major Eelking eine Duellforderung, weil er sich von einem Artikel Eelkings im Bremischen Unterhaltungsblatt beleidigt fühlte und „als Mann von Ehre nicht durch Worte auf Beleidigungen erwidern"[1] könnte.
Auch das Militär der freien Reichsstadt Hamburg, dessen Offiziere überwiegend dem wohlhabenden Kaufmanns- und Freiberuflerbürgertum entstammten, akzeptierte das Duell als probates Mittel zur Wiederherstellung verletzter Ehre.[2] 1826 kam es zwischen dem Kommandeur des Bürgermilitärs, Oberst von Stephani, und dem vier Jahre zuvor verab-

---

[1] Staatsarchiv Bremen, Ratsakten 2–R.6.b.2C.2.b. Schreiben Wermuths an Bürgermeister Smidt vom 19.12.1823; „Letztes Wort" Bornemanns (von der Redaktion des Bremischen Unterhaltungsblatts abgelehnte Einsendung)
[2] Fahl, A.: Das Hamburger Bürgermilitär 1814–1868, Diss. Hamburg 1986, S. 64, 87 f., 190 f.

schiedeten Major a.D. to der Horst zu einem Pistolenduell,
das ein bezeichnendes Licht auf die Ehrbegriffe hanseatischer
Offiziere warf. To der Horst hatte sich 1825 mit einer Schrift
an die Öffentlichkeit gewandt, in der er seinem Ärger auf
5 Stephani, der an seiner Stelle zum Kommandeur ernannt
worden war, freien Lauf ließ. Stephani habe diese Position
nur deshalb bekommen, weil er der Schwiegersohn eines
Senators sei. Ansonsten zeichne er sich durch „ebenso
große Unwissenheit in Dienstsachen" aus wie „durch die
10 Unwahrhaftigkeit seines Charakters"[1].
Aufgrund dieser Schrift erhob das Militärdepartement des
Hamburger Rates Anklage gegen den Major, der daraufhin
zu sechs Wochen Arrest verurteilt wurde. To der Horst
jedoch legte bei der Universität Göttingen Berufung ein,
15 deren juristische Fakultät das Urteil für unrechtmäßig erklärte, sodass der Hamburger Rat es wieder aufheben musste. Erst nachdem das amtliche Verfahren abgeschlossen war,
forderte Stephani seinen Beleidiger zum Duell, das im September 1826 bei Harburg stattfand und mit einer Verwun-
20 dung des Majors endete. Stephani, der deswegen ebenso wie
sein Sekundant zunächst vom Dienst suspendiert und unter
Hausarrest gestellt wurde, rechtfertigte sein Verhalten gegenüber dem Rat durch die „nachfolgenden ehrerbietigen
Vorstellungen": „Es war nicht bloß meine Ehre, die eine
25 solche Genugtuung erforderte. Hätte ich sie auch dem Ge-
setze zum Opfer bringen und mich in irgendeinen Winkel
der Erde verbergen wollen, so würden die Offiziere der
hiesigen Garnison bei jeder Veranlassung darüber mit frem-
dem Militär in Händel geraten sein. Es war also nicht bloß
30 Notwehr, sondern zugleich Pflicht gegen die Garnison und
somit gegen die Stadt selbst, die Genugtuung zu verlangen."
Darüber hinaus handelte Stephani nach eigenem Bekunden
unter Druck der „öffentlichen Meinung", die sich „schon
35 längst" für das Duell ausgesprochen habe und ihn tadele,
„dass ich nicht sogleich zur Herausforderung geschritten

---

[1] to der Horst, B.F.: Geschichtliche Darstellung meiner 30-jährigen
Dienstverhältnisse im hamburgischen Militär und der in derselben
gemachten Erfahrungen, Hamburg 1825, S. 99

war". Wegen dieses Vorwurfs, der offensichtlich vor allem aus den Kreisen seiner Standesgenossen an ihn herangetragen worden war, hatte sich Stephani mit der Bitte an den Rat gewandt, beim preußischen König um ein ehrengerichtliches Gutachten nachsuchen zu dürfen. Der Rat hatte dies 5 erlaubt, worauf das Ehrengericht Stephani das Zeugnis ausstellte, dass er „den Gesetzen der Ehre" nicht zuwider gehandelt habe, als er „seine notwendige persönliche Genugtuung bis zur Beendigung der öffentlichen Sache verschob". Dieser Ausspruch, der dem Kommandeur in einem Schrei- 10 ben des Hamburger Ratssyndikus mitgeteilt wurde, wusch ihn von dem öffentlichen Tadel einer zu zögerlichen Ehrenwahrung rein, verpflichtete ihn zugleich aber dazu, to der Horst zum Duell zu fordern, sobald die amtliche Untersuchung abgeschlossen war: „Konnte ich unterlassen, was das 15 Ehrengericht, dem ich mich mit Vorwissen meiner hohen Oberen, wenn auch nicht mit ausdrücklicher Genehmigung unterworfen hatte, notwendig fand?"[1]
In Stephanis Rechtfertigungsschreiben fanden sich die wichtigsten Merkmale und Bezugspunkte militärischer Duellehre 20 aufgelistet: der Zusammenhang von persönlicher und Standesehre, der Ausschluss gerichtlicher Klage und Genugtuung, der massive korporative Handlungsdruck und die Erwartung gesellschaftlicher Isolation für den Fall, dass dem Druck nicht nachgegeben wurde. Stephanis Bemerkung, 25 dass diese Maximen für alle deutschen Armeen verbindlich seien und ihre Verletzung das hamburgische Militär bei Offizieren anderer Staaten in Misskredit bringen würde, war dabei durchaus zutreffend.

Aus: Ute Frevert: Ehrenmänner. Das Duell in der bürgerlichen Gesellschaft. München: Beck 1991, S. 99–104

---

[1] Staatsarchiv Hamburg, Polizeibehörde-Kriminalw. C. Jg. 1826, Nr. 208: Schreiben Stephanis an den Hamburger Rat v. 15.9.1826

Arthur Schnitzler: Jugend in Wien
(Auszug: Duellerfahrungen)

Die eigentlichen Universitätsvorlesungen konnte man als
Einjährig-Freiwilliger Mediziner nur unregelmäßig besuchen.
Aber selbst die Stunden von zwölf bis zwei, in denen flei-
ßigere Kameraden Geburtshilfe bei Späth hörten, benützte
5 ich mit einigen anderen meist dazu, mein Mittagmahl einzunehmen, sodass nichts mich abhielt, schon um zwei den
Billardqueue zu schwingen. Im Riedhof hatten wir einen
Stammtisch, an dem Louis Mandl und ich selten fehlten; auch
Armin Petschek, ein braver, tüchtiger Kollege, heute Be-
10 zirksarzt in Wien, sowie der fleißige und gefällige Sigmund
Dynes, der es, im Militärdienst verbleibend, allerdings bis
zum Oberstabsarzt brachte, nahmen meist an dem gemein-
samen Mittagessen
teil; und als einziger
15 Zivilist Theodor
Friedmann, der vom
Schicksal als Urbild
des Doktor Fried-
rich Witte im „Mär-
20 chen" vorbestimmt
war, was wir beide
damals nicht ahnten.
Gleich Louis Mandl
und mir war er Arz-
25 tenssohn (sein Vater
leitete die Wasser-
heilanstalt in Gain-
farn), ein hübscher,
recht eleganter, lie-
30 benswürdiger, nicht
sonderlich streb-
samer und nur mä-
ßig begabter junger
Mann, von dem mir
35 aus der damaligen
Zeit eine Äußerung,
nicht so sehr durch

Arthur Schnitzler als Einjährig-Freiwilliger
in der Uniform eines militärärztlichen Eleven, 1882

ihre Bedeutung als durch den Eindruck, in Erinnerung geblieben ist, den sie auf uns Tischgenossen hervorbrachte. Es
war vom Duell die Rede, und wir alle, ohne uns gerade als
prinzipielle Anhänger dieser Sitte zu fühlen, betonten aus
unserem Studententum heraus und mehr noch als Einjährig- 5
Freiwillige und künftige Reserveoffiziere unsere Bereitschaft,
erforderlichenfalls ritterliche Satisfaktion zu geben. Nur
Theodor erklärte, dass er sich unter keiner Bedingung schlagen würde, und zwar einfach darum, wie er auf unsere
Frage lächelnd erwiderte, weil er feige sei. Nicht so sehr die 10
keineswegs feststehende Tatsache seiner Feigheit als der
Mut seines Bekenntnisses war es, der uns verblüffte; was wir
damals freilich weder ihm noch uns selber zugestanden hätten. Wir waren zwar alle weder Raufbolde noch besonders
tüchtige Fechter, und keiner von uns lechzte daher nach 15
einem Waffenhandel, aber ebenso wenig hätte es einer versucht, sich einer studentischen Mensur oder selbst einem
Duell zu entziehen, wenn es den geltenden Regeln nach als
unausweichlich gegolten hätte. Die Frage war damals für uns
junge Leute, namentlich für uns Juden, sehr aktuell, da der 20
Antisemitismus in den studentischen Kreisen immer mäch-
tiger emporblühte. Die deutschnationalen Verbindungen
hatten damit begonnen, Juden und Judenstämmlinge aus ihrer Mitte zu entfernen; gruppenweise Zusammenstöße während des sogenannten „Bummels" an den Samstagvormitta- 25
gen, auch an den Kneipabenden, auf offener Straße zwischen
den antisemitischen Burschenschaften und den freisinnigen
Landsmannschaften und Corps, deren einige zum großen
Teil aus Juden bestanden (rein jüdische schlagende Verbindungen gab es damals noch nicht), waren keine Seltenheit, 30
Herausforderungen zwischen Einzelpersonen in Hörsälen,
Gängen, Laboratorien an der Tagesordnung.

Aus: Arthur Schnitzler: Jugend in Wien. A. a. O., S. 154/155

Arthur Schnitzler: Jugend in Wien
(Auszug: Liebeleien in Uniform)

Kaum war ich in die Uniform geschlüpft – als hätte ich oder
mein Schicksal nur ein banales Stichwort abgewartet –, fing
ich bewusster an, auf das auszugehen, was man mit einem
allzu heroischen Wort Eroberungen zu nennen pflegt. Schon
5 im vorigen Jahr hatten meine Beziehungen zum weiblichen
Geschlecht einen immer lebhafteren, aber zugleich unper-
sönlicheren Charakter angenommen, und nur eine hübsche
sechzehnjährige Blondine tritt aus der Reihe der trivialsten
Viertelstundenabenteuer mit etwas zarteren Zügen her-
10 vor.
Sie hieß Helene, war Norddeutsche, Berlinerin glaube ich,
hielt sich, angeblich auf einer Vergnügungsreise mit ihrem
Liebhaber begriffen, in Wien auf, [...]

Aus: Arthur Schnitzler: Jugend in Wien, A. a. O., S. 143

Leutnants der k.u.k. Armee

Arthur Schnitzler: Jugend in Wien
(Auszug: In der Uniform der Einjährig-Frei-
willigen wie „Prinzen aus dem Märchenland")

Es ging gegen Ende des Faschings, als ich meinen Freund
Louis auf ein Vorstadtkränzchen begleitete, wo ihn eine
hübsche Cafetiersgattin hinbeschieden hatte, um deren
Gunst er sich – wie ich in dem Kaffeehaus, wo die Sache sich
entsponnen, zu beobachten glaubte – minder stürmisch be-   5
warb als sie um die seine. Die Drei-Engel-Säle, in denen der
Hausball stattfand (wie derlei Veranstaltungen hießen, auch
wenn jeder Fremde für geringes Entgelt an der Kasse ein
Billett lösen konnte), zeichneten sich nicht so sehr durch
Glanz und Vornehmheit als durch eine gewisse altväterische   10
Gemütlichkeit aus. Im Hauptlokal wurde getanzt, in den
angrenzenden Wirtshausräumen saßen bei Speis und Trank
die Honoratioren, sonntäglich angetan, Ballväter, -mütter
und sonstige Verwandte, größtenteils einem mittleren,
wohlhäbigen Bürgerstand angehörig, und überall mischte   15
sich Bier- und Zigarrenduft mit dem Geruch von Blumen
und bescheidenen Parfums, den die tanzenden Töchter in
ihren hellen oder bunten Sommerkleidern um sich verbrei-
teten. Fehlte es auch unter den Tänzern keineswegs an
Hausherrnsöhnen vom Grund und anderen Vorstadtele-   20
gants, so traten wir zwei Einjährig-Freiwilligen in offiziers-
mäßiger Uniform, denen hier das Odium des Mosesdra-
gonertums[1] kaum anhaftete, in diese Gesellschaft – ich will
nicht gerade behaupten wie Prinzen aus dem Märchenland
– aber doch meinem Gefühl nach wie Erscheinungen aus   25
einer anderen, etwas höheren Welt; und ob wir nun um
dieses Umstandes willen von den eingesessenen und einge-
tanzten Herren mit Hochachtung oder mit Missvergnügen
betrachtet wurden, – keineswegs konnten wir was Klügeres
tun, als uns mit einer in solchen Fällen höchst ratsamen   30
Leutseligkeit unters Volk zu mischen und darin unterzutau-
chen. Ich für meinen Teil beeilte mich, eine sehr hübsche,
kleine Blondine zum Tanz aufzufordern; und als wir in einer
Pause, hin und her spazierend, zufällig in einen Nebenraum

---

[1] abwertende Bezeichnung für die jüdischen Dragoner

gerieten, der eigentlich einer riesigen Rumpelkammer glich,
mit einem langen ungedeckten Tisch, umgestürzten Sesseln,
unbeleuchtet, an anderen Tagen offenbar als eine Art Klublo-
kal in Anspruch genommen, wurde unsere Unterhaltung so
5 lebhaft, dass wir den Raum nach einigen Minuten schon um
vieles vertrauter verließen, als wir ihn betreten hatten. Wir
wiederholten den Besuch in jeder Tanzpause, verweilten
gelegentlich aber auch an dem Wirtshaustisch, wo Annis
Vater, ein kleiner, graubärtiger Herr im Bratenrock, der
10 ernsthaft ein Glas Bier nach dem andern trank und seine
Zigarre aus einem langen weißen Spitz rauchte, und Annis
Mutter, deren Erscheinung mir nicht im Gedächtnis verblie-
ben ist, dem Treiben der Jugend zusahen; – ohne sich im
Geringsten zu beunruhigen, wenn das Töchterchen mit sei-
15 nem Tänzer, der nun immer der gleiche war, auf kürzere
oder längere Zeit aus ihrem Gesichtskreis oder auch aus
dem Ballsaal verschwand. Ob sich mein Freund Louis mit
der Cafetiersgattin ebenso gut unterhielt wie ich mit meiner
neuen Zufallsbekanntschaft, weiß ich nicht zu berichten, ja,
20 ich erinnere mich nicht einmal, ob die Cafetiersgattin überhaupt auf dem Ball erschienen war. Alle Gestalten dieser
holden Karnevalsnacht sind mir wie Schatten, unter denen
ich mich und die blonde Anni als die einzig Lebendigen im
Tanz dahinschweben oder in einer halb dunkeln Ecke einan-
25 der küssen und herzen sehe, während ernsthaft und ver-
schlafen, mit kalt gewordener Zigarre, das Glas Bier vor sich
auf dem Tisch, der graubärtige Vater in seiner gleichgültigen
und entrückten Episodenrolle sich bescheidet.

Aus: Arthur Schnitzler: Jugend in Wien, S. 149

Arthur Schnitzler: Jugend in Wien
(Auszug: Die „Ödnis" des Freiwilligen-Jahres)

Indes war ich, wie es die Dienstordnung für die militärärztlichen Eleven vorschrieb, für einige Wochen der Truppe, und
zwar dem Regiment Mollinary – brauner Waffenrock mit
schwarzen Aufschlägen – zugeteilt worden. Es war immerhin
5 etwas strapaziös, wenn man den Abend vorher mit Freunden
und Freundinnen bei Volkssängern im Kaffeehaus zugebracht
und endlich in ziellos stürmischen Zärtlichkeiten auf nacht-

umschatteten Gartenbänken beschlossen hatte, um vier
Uhr morgens im Kasernhof anzutreten und auf den Galizin-
berg oder nach Aspern zu marschieren; und es erscheint
verzeihlich, dass man dann manchen Nachmittag verschlief
oder in einer Kaffeehausecke dämmernd mit einem melan- 5
cholisch-zynischen Freund, dem eine unheimliche Krankheit
durchs Blut kreise und der nie Geld hatte, katzenjämmer-
liche oder gar weltschmerzliche Gespräche führte, in denen
das Wort „öd" hundertfach abgewandelt immer wiederkehr-
te. Auch dass Toni endlich die Meine wurde, vermochte 10
meine Stimmung nicht zu verklären oder zu erhöhen; und
dass ich mich entschließen sollte, zu glauben, was sie mir oft
versichert und woran ich zu zweifeln nie aufgehört, machte
mich nicht stolzer und glücklicher, schon darum, weil auch
physiologische Scheinbeweise nicht genügen konnten, mein 15
wohlbegründetes seelisches Misstrauen zu besiegen. Am
wohlsten war uns beiden, wenn wir allein miteinander waren,
ob mir Toni nun in einem behaglichen Zimmerchen, in meinen Militärmantel gehüllt und meine Kappe auf der zerstru-
belten Frisur, beim Nachtmahl gegenübersaß, oder ob wir 20
uns an den linden Sommerabenden in den Gartenalleen
ergingen, wo ich so oft in lieblicherer und keuscherer Gesellschaft umhergewandelt war; immer unleidlicher aber
wurde mir das andere Pärchen, Wilhelm-Minna, von dem wir
uns doch nur von Fall zu Fall emanzipieren konnten. Wilhelm, 25
besonders in seiner Geistesleere und Langweiligkeit, war mir
so unausstehlich, und Minna selbst behandelte ihn mit so
unverhohlener Missachtung, dass ich an dem Bestehen eines
wirklichen Verhältnisses zwischen den beiden zu zweifeln
anfing. Manchmal wieder verblasste Tonis nie sehr lebhaft 30
empfundener Zauber für mich so sehr, dass mir ihre zwar
recht gewöhnliche, doch immerhin lustigere und witzigere
Schwester besser gefiel als jene, und dann stellte ich für mich
fest, dass ich in Toni überhaupt nicht verliebt, sondern nur
eifersüchtig auf sie sei und diese ganze Art von Existenz mich 35
im Grunde nur aufrege, ohne mich anzuregen. Freilich wech-
selten solche trübe auch mit helleren Stunden, in denen der
unerfreuliche Kreis, in den man geraten war, gewissermaßen
ferner rückte, kaum mehr wie eine Gruppe lebendiger Indi-
viduen wirkte, sondern sich gleichsam ins Atmosphärische 40

auflöste, wie es zum Beispiel anlässlich eines kleinen Soupers in Wilhelms Wohnung geschah, wo ich, ohne mich um die Übrigen zu kümmern, am Klavier saß, fantasierend mit geschlossenen Augen, den Kopf an Tonis Busen gelehnt, und
5 mich berauschte an Wein, Akkorden und Küssen. Nein; *hätte* berauschen *können;* – denn ich war mir auch in solchen Augenblicken klar darüber, dass zu superlativischen Ausdrücken hier kein Anlass, dass auch meine innigen Liebesbeteuerungen halb bewusste Lügen und dass ich für ein anderes,
10 höher geartetes Wesen geschaffen sei als für ein bei manchen anmutigen Zügen doch so gewöhnliches, wie Toni es war. Und schmerzlich rief ich aus, was ich später noch viel tiefer sollte empfinden lernen: „Ließe sich doch alles, was in der Entwicklung nur Episode bedeutet, auch nach Gebühr
15 nur episodisch erleben. Aber man lebt am Ende doch so hin, wie es der Augenblick mit sich bringt, und lässt sich's genügen!"

Aus: Arthur Schnitzler: Jugend in Wien. A.o.O., S. 170/171

Arthur Schnitzler: Jugend in Wien
(Auszug: Liebschaften und Anstand I)

Zwischen all diesen Liebschaften und in sie hinein spielten ganz leise auch schon während des Freiwilligenjahres allerlei zartere Beziehungen zu verschiedenen jungen Mädchen, die aus besseren Häusern oder wenigstens besser beaufsichtigt
5 waren; doch hätte ich mich verwegener oder raffinierter angestellt und wäre meine Scheu vor Unbequemlichkeiten und Verantwortlichkeiten nicht so stark ausgebildet gewesen, so hätte aus einer oder der anderen Beziehung wohl auch eine ganz richtige Liebschaft werden können. Allerdings
10 glaube ich, dass zu jener Zeit in guten jüdischen Mittelstandskreisen, wo ich hauptsächlich verkehrte, solche Beziehungen selten über eine gewisse eben noch statthafte Grenze hinausgediehen, nicht gerade weil die Mädchen weniger sinnlich oder unverdorbener gewesen wären, als sie heute sind, son-
15 dern weil die ganze gesellschaftliche Atmosphäre jenes Mittelstandes von den neueren, sittlich freieren Anschauungen philosophisch und literarisch kaum noch angehaucht und Erziehung, Verkehrsformen, Möglichkeiten der Zusammen-

kunft auch der Entwicklung freierer Verhältnisse minder
günstig waren. Für manches junge Geschöpf, das heute ohne
bestimmte Heiratsaussicht, selbst ohne geheime Heiratshoff-
nung, bestenfalls unter Beachtung der praktisch gebotenen
Vorsichten und Rücksichten, sich entschließt, dem geliebten 5
Mann oder Jüngling alles zu gewähren, wäre damals ein solcher Entschluss überhaupt nicht in Betracht gekommen. Die
geborenen Eroberer- oder Verführernaturen haben freilich
stets über die Moral eines bestimmten Kreises und selbst
über den Geist einer Epoche zu triumphieren gewusst; was 10
mich anbelangt, so ließ ich es mir meist an den Abenteuern
genügen, die mir auf halbem Weg entgegenkamen, wie ich
freilich auch manches verschmähte, das sich mir gar zu wohl-
feil darbot, in der Erwägung, dass solche oft am teuersten
bezahlt werden. So begegnete es mir kurz nach Beendigung 15
meines Militärjahres an einem Novembernachmittag, dass ich
mit Richard eine sehr hübsche Choristin des Wiednertheha-
ters in ihre Wohnung begleitete und dass wir um die Gunst
der durchaus nicht spröden, nur unentschiedenen jungen
Dame zu losen oder vielmehr zu zipfeln beschlossen. Der 20
Gewinnende war ich. Aber da sie uns vorher den Namen
ihres Liebhabers genannt, eines ungarischen Aristokraten,
über dessen Gesundheitszustand ich durch die Indiskretion
seines Arztes zufällig genau unterrichtet war, und ich außer-
dem, meinen Arm um ihren Nacken schlingend, eine meinem 25
medizinischen Verständnis sehr verdächtige Drüse getastet
hatte, verzichtete ich edelmütig auf den Preis, überließ ihn
meinem Freund, dem glücklich-unglücklicherweise auf solchen Wegen keine Gefahr mehr drohte, und begab mich in
ein nahe liegendes Kaffeehaus, wo ich unter dem Eindruck 30
dieses flauen Erlebnisses einen Akt zu schreiben begann, der
zum ersten Mal matt genug den skeptisch-lebemännischen
Ton der „Anatol"-Szenen anklingen lässt. Erst Monate oder
Jahre später schrieb ich den Schluss, benannte das Ding mit
schnöder Ironie „Treue" und legte es zu den vielen anderen 35
Manuskripten, die ich wahrlich nicht aus Stolz auf meine
dichterischen Anfänge, sondern aus einer Art von autobio-
grafischer Pedanterie aufbewahrt habe.

Aus: Arthur Schnitzler: Jugend in Wien. A. a. O., S. 175/176

Arthur Schnitzler: Jugend in Wien
(Auszug: Liebschaften und Anstand II)

Mein Vater stand meinen schriftstellerischen Versuchen (er
bekam natürlich nicht alle zu Gesicht) nach wie vor ohne
Sympathie gegenüber, und mit Rücksicht auf meinen ärztlichen Ruf, der sich aus guten Gründen noch immer nicht
5 befestigen wollte, wünschte er damals, dass ich als Belletrist
mindestens nicht unter meinem Namen hervortreten sollte.
Dass er meinem ganzen Treiben in Literatur, Medizin und
Leben ohne Freude zusah, war ihm wahrhaftig nicht übel
zunehmen. Insbesondere meine Beziehungen zum weib-
10 lichen Geschlecht, über die er natürlich nur vage unterrichtet war, erfüllten ihn mit wachsender Sorge. Zu dieser oder
einer etwas späteren Zeit geschah es, dass ich einmal mit
ihm nach dem Theater im Restaurant zusammensaß und wir
in eine vertrautere Unterhaltung gerieten, als sie sonst zwi-
15 schen uns üblich war. Im Verlauf unseres Gesprächs drängte
sich mir die Frage auf die Lippen, wie es denn eigentlich ein
junger Mensch anstellen solle, um nicht entweder mit den
Forderungen der Sitte, der Gesellschaft oder der Hygiene
in Widerspruch zu geraten. Verführung, Ehebruch seien
20 unerlaubt und gefährlich, Verhältnisse mit Kokotten und
Schauspielerinnen bedenklich und kostspielig, dann gab es
noch eine gewisse Sorte von sozusagen anständigen Mädchen, die zwar schon vom Pfade der Tugend abgewichen
waren, bei denen man aber geradeso wie bei einer Verführ-
25 ten nach dem Ausdruck meines Vaters „hängen bleiben"
könne; so blieben also wirklich nur Dirnen übrig, was immer,
selbst wenn man sich gesundheitlich zu schützen wisse, eine
recht widerwärtige Angelegenheit zu bedeuten habe. Und
ich stellte an meinen Vater das Ansinnen, mir selber einen
30 Rat zu geben. Mein Vater ließ sich auf Erörterungen nicht
ein, sondern mit einer erledigenden Handbewegung be-
merkte er einfach und dunkel zugleich: „Man tut es ab."
Damit war mir freilich wenig geholfen, und er mochte wohl
selbst fühlen, dass ich zum „Abtuer" in diesem und in jedem
35 Sinn nicht geboren sei. Am liebsten hätte mein Vater gewiss
gesehen, dass ich ein wohlhabendes Mädchen aus guter Familie zur Frau nehme; aber dazu war es noch etwas zu früh,

und überdies wusste er, wenn auch sonst nichts Genaueres,
dass ich allzu tief in einem Verhältnis mit einem Geschöpf
unter meinem Stande verstrickt und Vernunftgründen unter
den gegenwärtigen Umständen nicht zugänglich sei. Peinlich
hatte ihn berührt, dass ich einmal, als er mich des Abends 5
im Krankenhaus auf meinem Zimmer besuchen wollte, ihn
an der Tür empfangen und bitten musste, nicht einzutreten;
und in diesem Augenblick vielleicht gedieh sein schon früher
gehegter Entschluss zur Reife, mich zu weiterer medizi-
nischer Ausbildung, insbesondere auf spezialistisch laryngo- 10
logischem Gebiet, für einige Zeit ins Ausland zu schicken.

Aus: Arthur Schnitzler: Jugend in Wien. A. a. O., S. 287/288

4. Antisemitismus in Wien in den 1890er Jahren

Die ökonomische und politische Entwicklung in Österreich-Ungarn bewirkte eine Erstarkung antisemitischer Tendenzen. In Wien nutzte der Führer der christlich-sozialen Partei Dr. Karl Lueger, der spätere Bürgermeister von Wien, die öffentliche Denunziation der Juden für seine politischen Zwecke.

Arthur Schnitzlers Familie gehörte dem assimilierten Judentum[1] an, das politisch liberal ausgerichtet war. Während seiner Studienzeit und als junger Arzt wurde er mit dem verschärften Antisemitismus konfrontiert.

Hartmut Scheible: Die sozialen Bedingungen des Antisemitismus

Während der Studienjahre Schnitzlers vollzog sich eine gesellschaftliche Veränderung, die später zu größter Bedeutung kommen sollte, zunächst jedoch nur intermittierend sich bemerkbar machte: die Entwicklung des Antisemitis-
5 mus. Er ist nicht zu trennen vom Zerfall des Liberalismus auf der einen, der Entfaltung der deutschnationalen und christlich-sozialen Bewegung auf der anderen Seite, die etwa seit Beginn der achtziger Jahre das vom Liberalismus zurückgelassene ideologische Vakuum entschiedener aufzufüllen be-
10 gann. Die Schrumpfung des Liberalismus von einer zukunftweisenden politischen Kraft zu einer Interessenvertretung der besitzbürgerlichen Schicht besiegelte die Spaltung des Bürgertums. Die kleinbürgerlichen Bevölkerungsteile sahen sich um die Errungenschaften der – ohnehin alsbald unter-
15 drückten – bürgerlichen Revolution von 1848 geprellt; darüber hinaus war ihnen die ideologische Grundlage entzogen, nach der sie sich hätten ausrichten können. Sie sahen sich so, was ihre Stellung innerhalb des Vielvölkerstaates betraf, in gefährliche Nähe der nicht als vollwertig anerkannten
20 slawischen Nationalitäten gerückt und – was ihre ökonomische Bedeutung betraf – in die Nähe des Proletariats, von

---

1 „angeglichene", d. h. gesellschaftlich und kulturell integrierte Juden

dem sie gerade mit zäher Anstrengung sich abgesetzt hatten:
mit beiden Bevölkerungsteilen schien eine Solidarisierung
nicht möglich.

Wäre der Antisemitismus bei den Formen stehen geblieben,
in denen Schnitzler ihn während seiner Jugend kennenlernte, 5
das Problem der Stellung der Juden zu den übrigen Teilen der
Bevölkerung wäre für den Liberalen Arthur Schnitzler, dem
„Assimilation" kein Ziel, sondern eine Selbstverständlichkeit
war, nicht zum Problem geworden. Er konnte eben noch als
Privatsache, als Zeichen schlechten Geschmacks, interpre- 10
tiert werden; nur konsequent war es, dass zunächst *vorwie-
gend die psychologische Seite der Judenfrage* es war, *für die
das Interesse in mir meiner ganzen Anlage nach zuerst er-
wachte*[1]. Die zunächst erstaunliche Feststellung, dass ausge-
rechnet aus dem antikorruptionistisch-demokratischen Flügel 15
des Wiener Gemeinderates der antisemitische entstand[2], ist
aus dem Verfallsprozess des Liberalismus erklärbar. Die Spaltung des Bürgertums in Besitzende und Nichtbesitzende, der
Niedergang kleiner und mittlerer Gewerbetreibender bei
gleichzeitig fortschreitender zügelloser Bereicherung der we- 20
nigen Begüterten machte es der Christlichsozialen Partei –
besonders unter dem späteren Bürgermeister von Wien, Dr.
Karl Lueger – leicht, sich der kleinbürgerlichen Interessen
scheinbar anzunehmen und als individuelles Fehlverhalten, als
Korruption, anzuklagen, was in Wirklichkeit Folge des Sys- 25
tems war. Die bloß scheinbare soziale Ausrichtung dieser
Partei wiederum musste den Kampf gegen die Korruption
notwendig in antisemitische Hetze umschlagen lassen: mit
den Juden war man einer Bevölkerungsgruppe habhaft geworden, die in der Tat – wenigstens teilweise – es zu Wohlstand 30
gebracht hatte; soziales Engagement und Ablenkung von den
wahren Ursachen der unsozialen Zustände ließen sich in der
Denunziation der Juden auf verhängnisvolle Weise vereinigen. Das Wort des Sozialreformers Ferdinand Kronawetter:
„Der Antisemitismus ist der Sozialismus des dummen Kerls", 35
trifft den Sachverhalt sehr genau. Dass Lueger den Antisemitismus so ernst nicht gemeint habe, weil er im privaten Be-

---

[1] Schnitzler, Arthur: Jugend in Wien. A. a. O., S. 94
[2] Ebenda, S. 146

reich mit Juden befreundet war, zeigt lediglich, wie sehr die neue – rassische – Form des Antisemitismus nur Mittel zum Zweck, zur Verschleierung wirtschaftlicher Interessen war. Schnitzler hat diesen Zusammenhang vielleicht nicht ganz durchschaut, aber seine Zurückweisung der zweideutigen Haltung Luegers zeigt, dass er die eigentliche Gefahr gerade in der vorgeblichen Trennung des Privaten und des Politischen ahnte: *Mir galt gerade das immer als der stärkste Beweis seiner moralischen Fragwürdigkeit. Oder sind die sogenannten reinlichen Scheidungen zwischen den Forderungen der politischen Parteistellung einerseits und den privat menschlichen Überzeugungen, Erfahrungen und Sympathien auf der anderen Seite wirklich etwas so Reinliches, als mit dieser Bezeichnung ausgesagt wird? Ich glaube ganz im Gegenteil, dass es gerade dem Menschen von seelischem Reinlichkeitsgefühl nicht gegeben ist, solche Scheidungen durchzuführen oder gar ihrer froh zu werden.[1]*

Die Formel von der „reinlichen Scheidung" weist auf den Bereich, in dem er die neue, rassische Form des Antisemitismus zuerst kennenlernte: die Universität, wo die deutschnationalen Couleurstudenten auf eine radikale Abgrenzung von ihren jüdischen Kommilitonen hinarbeiteten.

Je weniger das liberale Weltbild der Wirklichkeit entsprach, desto heftiger musste der verdrängte Konflikt der Nationen aufbrechen. Der antisemitische Affekt der deutschnationalen Couleurstudenten, der erst relativ spät (1896) durch den Beschluss des „Waidhofener Verbandes der Wehrhaften Vereine Deutscher Studenten in der Ostmark" offiziell wurde und durch den jüdischen Studenten die Satisfaktionsfähigkeit grundsätzlich abgesprochen wurde *(Dem Juden auf keine Waffe mehr Genugtuung zu geben, da er deren unwürdig ist[2])*, verrät die Angst um das Weiterbestehen der eigenen Privilegien gegenüber den anderen Nationen. Schnitzler greift zu kurz, wenn er meint, die *Hauptursache* des Beschlusses sei gewesen, dass immer weniger jüdische Studenten *die Unverschämtheiten und die Beleidigungen der Gegenseite* hinzunehmen geneigt waren und sich deshalb *zu*

---

1   Ebenda, S. 146f.
2   Ebenda, S. 361

besonders tüchtigen und gefährlichen Fechtern entwickelt[1]
hatten. Indem er die sozialen Bedingungen des Antisemitismus als individuelle Reaktionen interpretiert, scheint es, als habe in seiner Beurteilung des Antisemitismus ein Rest jenes aufklärerischen Optimismus sich bewahrt, der die Vorstel- 5
lung nicht zuließ, dass jenes Produkt eines trüben Irrationalismus letzten Endes doch die Oberhand vor der Vernunft sollte gewinnen können.

Aus: Hartmut Scheible: Arthur Schnitzler in Selbstzeugnissen und Bilddokumenten. Reinbek bei Hamburg (rororo monographie) 1976, S. 26–29

Arthur Schnitzler: Jugend in Wien (Auszug: Erfahrungen mit antisemitischen Ressentiments im militärärztlichen Dienst)

Auch unter den militärärztlichen Eleven, wie beinahe in allen Freiwilligenabteilungen – und wo nicht sonst! –, fand eine – sagen wir auch hier „reinliche Scheidung" zwischen christlichen und jüdischen oder, da das nationale Moment immer stärker betont wurde, zwischen arischen und semitischen Elementen statt, und der außerdienstliche Verkehr hielt sich 5
im Allgemeinen in den engsten Grenzen. Von den Chefärzten war kaum einer den Juden wohlgesinnt; ohne dass man übrigens darunter irgendwie zu leiden gehabt hätte, nur einige der jüngeren Assistenz- und Oberärzte, soweit sie nicht selbst Juden waren, brachten ihre Gesinnung mit un- 10
erwünschter Deutlichkeit zum Ausdruck. Einer dieser Herren, Rudroff mit Namen, hoffte einmal, an mir sein Mütchen kühlen zu können, indem er mich und einige Kameraden, die sich wiederholt zur Visite verspätet hatten, zum Rapport bestimmte, der uns jedenfalls einige Wochen Ka- 15
sernarrest eingetragen hätte. Ich richtete darauf in meiner Kameraden und in meinem eigenen Namen an unseren Chef, den Stabsarzt Chvostek, die Bitte, uns den Rapport zu erlassen, was jener ohne Weiters bewilligte. Dies meldete ich in streng dienstlicher Form dem Herrn Assistenzarztstell- 20
vertreter, der höchst erbost bei Chvostek anfragte, ob es mit der Nachsicht des Rapportes seine Richtigkeit habe, eine

---

[1] Ebenda, S. 155

Belästigung, mit der er sich bei Chvostek, der aller Solda-
tenspielerei abhold gewesen war, einen von uns allen mit
Freude begrüßten Rüffel holte. Übrigens konnte man es als
Regel aufstellen: gerade die tüchtigsten Militärärzte dachten
5 am wenigsten daran, ihr Soldatentum hervorzukehren, während die sogenannten „Kommissknöpfe" unter ihnen fast
durchaus Ignoranten waren. Einige gab es freilich, die ein
anständiges Wissen mit einem gemäßigten militärischen Ge-
baren zu verbinden wussten, und diese waren es, die sich
10 der größten Beliebtheit erfreuten. So unter anderen die
Regimentsärzte Gschirhakl und Trnka, welch Letzterer, In-
ternist wie Chvostek, ein paar Monate lang mein direkter
Vorgesetzter, mich ein wenig bevorzugte, sodass mich
Gschirhakl scherzweise seinen Adjutanten nannte.

Aus: Arthur Schnitzler: Jugend in Wien. A. a. O., S. 158/159

5. Entstehungsgeschichte

Die Idee zu seiner Novelle „Lieutenant Gustl" beruht auf einem realen Vorfall. Schnitzler notierte ihn bereits 1896, ließ den Stoff allerdings einige Jahre liegen, bevor er für ihn eine neue Erzählform gefunden hatte, die die Novelle zu einem Musterbeispiel modernen Erzählens machen sollte. Schnitzler selbst war sich offenbar der außerordentlichen Qualität seines Werkes bewusst, denn in seinem Tagebuch heißt es: „Nachmi. ‚Leutnant Gustl' vollendet, in der Empfindung, dass es ein Meisterwerk" (VII 1900. A. Schnitzler: Tagebuch 1893–1902, Wien 1989, S. 333).
Bei der Entscheidung für das erzählerische Verfahren ließ sich Schnitzler von dem französischen Autor Édouard Dujardin (1861–1949) beeinflussen, der als erster Schriftsteller seinen Roman „Les lauriers sont coupés" (1887) in der Form des Inneren Monologs verfasst hatte. Mit dem Inhalt dieses Werkes verband Schnitzlers Novelle allerdings kaum etwas. Während Dujardins Roman in Vergessenheit geriet, erlangte Schnitzlers Novelle wegen ihrer „präzise[n] Verschränkung eines Psychogramms mit einem Soziogramm" (Schmidt-Dengler) und der gewählten Gestaltungsform große Bekanntheit.

Evelyne Polt-Heinzl: Vorbilder und Einflüsse

1896 notiert Schnitzler die Idee zur Novelle, die auf einen realen Vorfall zurückgeht.
‚Einer bekommt irgendwie eine Ohrfeige; – niemand erfährts. Der sie ihm gegeben, stirbt und er ist beruhigt, kommt darauf, dass er nicht an verletzter Ehre – sondern an der Angst litt, es könnte bekannt werden.'[1]

---

[1] Hs. Skizze im Archiv Heinrich Schnitzler (= Nr. C/XIX im Nachlassverzeichnis von Neumann/Müller [Gerhard Neumann/Jutta Müller, *Der Nachlass Arthur Schnitzlers,* München 1969], S. 87). Auf dem Blatt ist rechts oben eine „96" eingetragen – „unklar ob Datierung oder Paginierung" (ebd.). Heinrich Schnitzler und Therese Nickl nehmen Letzteres an. Der Nachlassverwalter Reinhard Urbach hält es jedoch aufgrund einer neuerlichen Prüfung für wahrscheinlicher, dass es sich hier um eine Jahreszahl handelt.

Von einem Leutnant ist hier noch nicht die Rede, deutlich
wird, dass Schnitzler hier – typisch für das Frühwerk und in
dieser Hinsicht den Intentionen Freuds durchaus vergleichbar
– an dem psychologischen „Fall" interessiert ist. Gesell-
5 schaftskritik ist zunächst nicht beabsichtigt, die Situation ist
noch nicht in eine bestimmte historische und soziale Realität
eingebettet, vielmehr geht es um die Aufdeckung einer Le-
benslüge, um die Entlarvung doppelter Moral. Schnitzler ließ
den Stoff zunächst einige Jahre liegen, bis er in ihm gereift
10 war – ein Vorgang, der für seine Schaffensweise charakteristisch ist. Ende März 1900 las er mit innerer Betroffenheit
die *Traumdeutung* und skizzierte zwei Monate später, am
27.5.1900, unter dem Titel *Ehre* die Novelle. Jetzt hatte er
die entscheidende Anregung erhalten, wie er den Stoff in
15 idealer Weise umsetzen konnte. Von nun an kann man die
Entwicklung des Inneren Monologs genau verfolgen. Auf
dem Blatt von 1896 notierte er Monologfetzen, die die Gedanken des Offiziers – er ist noch namenlos – während des
Vorfalls im Foyer wiedergeben und im Grunde nichts ande-
20 res sind als eine Paraphrase der Idee im Inneren Monolog.
Auf wenigen Seiten formte er dann eine erste, grobe Durch-
führung der Idee in der neuen Schreibtechnik. Innerhalb von
fünf Tagen, vom 14. bis zum 19. Juli 1900, erfolgte die Niederschrift im Kurhaus von Bad Reichenau.

Aus: Erläuterungen und Dokumente. Arthur Schnitzler. Leutnant Gustl. Von
Evelyne Polt-Heinzl. Stuttgart 2000 (reclam), S. 36 f.

Ursula Renner: Die Beziehung zwischen Dujardins Roman und Schnitzlers „Lieutenant Gustl"

Édouard Dujardin (1861 – 1949) schrieb im Umfeld des französischen Symbolisten Stéphane Mallarmé (1842 – 1898).
Sein lyrischer Roman *Les lauriers sont coupés* (1887) gilt als
Gründungstext für den Inneren Monolog. Dessen Sprecher,
5 der Held also, ist der Jurastudent Daniel Prince. Sein Ge-
dankenkarussell dreht sich um die Frage, ob es ihm gelingen
wird, von seiner Angebeteten, der Schauspielerin Léa, erhört zu werden. Die Situation erhält zwar damit ein Span-
nungsmoment, doch die erzählende Figur selbst hat nichts
10 zu entscheiden, sondern nur zu warten. Der ganze Kurzro-

man spielt im Frühling zwischen 18.00 Uhr und nach Mitternacht. Dabei verändern sich die Schauplätze (vom Studentenzimmer zum Restaurant, vom Restaurant zum Zimmer und zum Zimmer der Geliebten), indem der laut denkende Erzähler seine Schritte kontinuierlich mit einem inneren 5 Selbstgespräch begleitet. In der Zeitstruktur gibt es gelegentlich kürzere Rückblicke. Um die Vorgeschichte der Beziehung zu rekonstruieren, sieht Daniel Prince die gesammelten Billetts und Briefe der Geliebten noch einmal in chronologischer Ordnung vor dem Leser durch. Ort und 10 Zeit werden also möglichst zusammenhängend abgebildet. Auflösungserscheinungen zeigen sich nur dort, wo das Wahrgenommene zum Prosagedicht tendiert, wo die reflektierende Figur in poetisches Sprechen hinübergleitet. – Die Beziehung zwischen Edouard Dujardins Roman und Ar- 15 thur Schnitzlers *Lieutenant Gustl* wird in der Literaturwissenschaft nachhaltig diskutiert. Im Folgenden ist die Möglichkeit geboten, beide Texte wenigstens auszugsweise zu vergleichen.

Aus: Arthur Schnitzler. Lieutenant Gustl. Herausgegeben und kommentiert von Ursula Renner unter Mitarbeit von Heinrich Bosse. Suhrkamp BasisBibliothek 33. Frankfurt am Main 2007, S. 65

Édouard Dujardin: *Die Lorbeerbäume sind geschnitten* (Auszug)

Kap. 4 (Anfang)

– Monsieur.
Man ruft mich, der Concierge; er hält einen Brief.
– Das Zimmermädchen, das schon mehrere Male gekommen ist, hat diesen Brief für Monsieur abgegeben, vor einer 5 Viertelstunde. Sie hat gesagt, es sei dringend.
Zweifellos ein Brief von Léa.
– Geben Sie … Danke.
Ja, ein Brief von Léa; rasch.
„Mein lieber Freund, holen Sie mich heute Abend nicht vom 10 Theater ab. Kommen Sie direkt zu mir nach Hause gegen zehn Uhr. Ich erwarte Sie. Léa."

Unerträglich; immer diese Änderungen; man weiß nie, was man machen wird; man richtet sich für das ein, und es ist dies; ewig dieselbe Komödie; warum will sie nicht, dass ich sie vom Theater abhole? Damit man sie nicht mit mir sieht?
5 irgendein Neuankömmling wahrscheinlich? Vielleicht wäre sie auch zu spät dran gewesen; vielleicht hat sie einen Grund. Der dritte Stock oder erst der zweite? Die Gaslampe; es ist der zweite Stock. Dieses Mädchen ist zum Verzweifeln; ein Glück noch, dass ich benachrichtigt worden bin; sein Zim-
10 mermädchen um sieben Uhr schicken; ich hätte nicht mehr nach Hause kommen können; das ist absurd; hätte ich ihr Billett nicht bekommen und hätte sie mich beim Theater gesehen, dann hätte sie mir eine schreckliche Szene ge- macht; nein, sie wird befürchten, ich sei dort, und sie wird
15 durch eine andere Tür hinausgehen; diese Theater haben ja fünfundzwanzig Türen; und was für eine Figur hätte ich dort gemacht? Sie wusste sicher, dass ich vorher noch zu Hause vorbeigehen musste; na ja … Meine Tür; öffnen wir; die Dunkelheit; die Streichhölzer sind an ihrem Platz; ich zünde
20 eins an … Vorsicht … die Tür zum Salon; ich trete ein; der Kamin; der Kerzenleuchter ist dort; ich zünde die Kerze an; in den Aschenbecher das Streichholz; alles ist an seinem Platz; der Tisch; kein Brief, doch; eine Visitenkarte; mit um- gebogener Ecke; wer ist gekommen? … Jules de Rivare …
25 Ach! wie schade; dieser alte Freund; wir saßen im Philoso- phiehörsaal nebeneinander; war er brav! Er ist heute gekom- men; der Concierge sagte mir nichts; dieser gute de Rivare ist also in Paris; mit seinem schwarzen Schnurrbart und dem Aussehen eines Kavallerieoffiziers; auch einer, der Haltung
30 hat; er wird wiederkommen; was ist er zerstreut, dass er mir nicht sagt, wo er wohnt! Ah! Auf der Rückseite seiner Karte, ich hab nicht daran gedacht nachzusehen, steht etwas … „Ich erwarte Dich morgen zum Mittagessen; Treffpunkt elf Uhr Hôtel Byron, Rue Laffite." Ich werde gehen, ich
35 werde gehen. Und meine Jusvorlesung um zwei Uhr? Wenn ich nicht Zeit habe hinzugehen, werde ich nicht hingehen. Er muss reich sein, dieser gute de Rivare; dieser Provinzadel; hm! Wer weiß? Morgen um elf Uhr Rue Laffite. Jetzt muss ich mich umziehen, um zu Léa zu gehen; es bleiben mir mehr
40 als eineinhalb Stunden, Zeit mehr als genug, um mich vor-

zubereiten. Auf einen Stuhl, den Überzieher und den Hut.
Ich gehe in mein Zimmer; die beiden zweiarmigen Kerzenleuchter in Form von Störchen; zünden wir an; voilà. Das
Zimmer; das Weiß des Betts im Bambusrahmen, links, dort;
und der alte Wandbehang über dem Bett, die roten Dessins, 5
verschwommen, verwischt, blauviolett, gedämpft, eine
schwärzliche Abstufung zwischen Schwarzrot und Schwarz-
blau, eine Abnutzung von Farbtönen; eine neue Fußmatte
gehört in den Waschraum; ich werde im Bon Marché eine
auswählen; Avenue de l'Opéra wird besser sein. Ich mache 10
nun meine Toilette. Wozu? Ich darf nicht bei Léa bleiben,
ich muss hierher zurückkommen; wer weiß indessen, was
geschehen mag? Wer weiß, welche Wendung die Dinge
nehmen können? Was die Gelegenheit bringen mag? Ach!
wann wird der Tag unserer Liebe kommen? Macht nichts; 15
ich mache Toilette; ich hab Zeit, und zwar mehr als genug;
zwanzig Minuten brauche ich bis zu ihr; unnötig, dass ich
mich beeile; die Temperatur ist sehr angenehm heute Abend,
lau, mild; eine große Freude, die sich ankündigt; in der Kutsche werden wir plaudern; während wir beide in der Kut- 20
sche durch die beschatteten Straßen fahren, unter dem
klaren Himmel, die Luft lau und mild, die Atmosphäre fröh-
lich; der schöne Abend. Wenn ich das Fenster öffnen würde?
Ja; weit. Die halbdunkle Nacht; von den ersten Sternen
gebleichte Nacht, undeutliche Halbschatten; klare Nacht; 25
hinter mir ist das Zimmer, der Widerschein der Kerzen, die
schwerere Luft der Zimmer, die dumpfe Luft der lastenden
Innenräume; ich stütze mich auf das Geländer, neige mich
über den Raum; ich atme den Abend tief ein, unbestimmt
betrachte ich das schöne Draußen; das Schöne, das Beschat- 30
tete, das Melancholische, das anmutige Ferne der Luft; die
Schönheit der Nacht; der graue und schwarze Himmel in
sehr wirren Bläuen; und die Punkte der Sterne, wie Tropfen,
die zittern, die Wassersterne; die Weiße, rundherum, der
großen Himmel; dort, die Masse der Bäume, und, weiter 35
weg, die Häuser, schwarz, mit erleuchteten Fenstern; die
Dächer, die geschwärzten Dächer; unten, vermischt, der
Garten, und, vermischt, Mauern, Dinge; und die schwarzen
Häuser mit Fenstern aus Licht und mit schwarzen Fenstern,
und der Himmel unendlich, bläulich, weiß von den ersten 40

Sternen; die Luft, lau; kein Windhauch; die Luft, warm; der
Atem von erwachendem Mai; ein Wohlbefinden, warm, in
der liebkosenden und nächtlichen Atmosphäre; die Masse
der dicht gedrängten Bäume, dort unten, und die Kugel des
5 grauen blauen Himmels gespickt mit zitternden Feuern; der
undeutliche Schatten des nächtlichen Gartens; die milde
Luft; oh! schöner Frühlingsatem, schöner Sommer- und
Nachtatem!

Édouard Dujardin. *Die Lorbeerbäume sind geschnitten* (franz.: *Les lauriers sont
coupés,* in: *Revue Indépendante,* Heft 3 und 4, 1887; erste Buchausgabe Paris
1888). Dt. v. Irene Riesen. Nachwort v. Fritz Senn. Haffmans Verlag, Zürich 1984,
S. 50–54
Zitiert nach: Arthur Schnitzler: Lieutenant Gustl. Herausgegeben und kommentiert von Ursula Renner unter Mitarbeit von Heinrich Bosse. A. a. O., S. 66–68

6. Wirkungsgeschichte

Direkt nach ihrem Erscheinen provozierte Schnitzlers No-
velle heftige Auseinandersetzungen in der völkisch-natio-
nalen Presse und v. a. in militärischen Kreisen. Der k. u. k.
Offiziersstand fühlte sich getroffen und reagierte mit einem
Beschluss des Ehrenrats, der dem Reserveoffizier Schnitzler
die Offizierscharge aberkannte.

Wendelin Schmidt-Dengler: Eine Affäre und ihre Ursachen

Am 14. Juni 1901 dekretierte das „Landwehroberkomman-
do in Wien", dass Herr Doktor Arthur Schnitzler, „als dem
Offiziersstande angehörig, eine Novelle verfasste und in
einem Weltblatte veröffentlichte, durch deren Inhalt die
Ehre und das Ansehen der k. k. öster. u. ung. Armee herab- 5
gesetzt wurde", und daher infolge eines „Ehrenratsbe-
schlusses" seines „Offizierscharakters für verlustig" zu erklären sei.[1] Dass die am 25. Dezember 1900 in dem
„Weltblatt" *Neue Freie Presse* veröffentlichte Novelle ein
solches Aufsehen zu erregen vermochte, verwundert heute, 10
zumal in dem Text eine explizite Herabwürdigung der Armee wohl schwer nachzuweisen war. Die Geschichte des
Leutnants scheint kaum dazu angetan, die Armee in ihrer
Gesamtheit zu treffen: Infolge eines Streites mit einem Bäckermeister, also einer nicht satisfaktionsfähigen Person, 15
nach einem Konzert bei einer Garderobe meint Gustl,
Selbstmord begehen zu müssen, um seine Ehre zu wahren;
er kann diesem selbst verhängten Urteil doch durch eine
ebenso komische wie makabre Fügung entgehen: Nach einer
Wanderung durch die nächtliche Stadt sucht er ein Kaffee- 20
haus auf, in dem er erfährt, dass der Bäcker unmittelbar nach
der Rückkehr vom Konzert einem Schlaganfall erlegen ist,
sodass er von dem Vorfall niemandem mehr erzählen kann.
Die Erzählung spielt in der Nacht vom 4. auf den 5. April,

---

[1] Zit. nach: Otto P. Schinnerer: „Schnitzler and the Military Censor-
ship. Unpublished Correspondence", in: *The Germanic Review* 5
(1930), S. 238–246, hier S. 242 f.

und es scheint, dass Schnitzler sich bei der Niederschrift der
Novelle vom 14. bis 19. Juli 1900 um die genaue Datierung
bemüht hat. Reinhard Urbach weist darauf hin, dass Felix
Mendelssohn-Bartholdys Oratorium *Paulus* am Abend des 4.
April dieses Jahres im Wiener Musikvereinssaal aufgeführt
wurde.[1] Gustl hat von seinem Freund Kopetzky Karten für
ein Oratorium erhalten und wohnt diesem gelangweilt bei.
Offenkundig lag die Ursache für das Urteil des Ehrenrates
nicht so sehr im Stoff und im Thema der Erzählung, sondern
vielmehr darin, dass der Held als Repräsentant der Armee
begriffen wurde, und es war die Erzählform, die eine solche
Auffassung überhaupt erst ermöglichte.
Es steht außer Zweifel, dass mit dieser Erzählung ein guter
Teil des Offizierskorps sich getroffen fühlen und dem ganzen
eine Lesart zugrunde liegen musste, die den Charakter des
Leutnants extrem negativ bewertete, eine Auffassung, in der
sich übrigens auch die meisten Interpreten bis in die jünge-
re Vergangenheit treffen: Er erscheint als ein dummer, ober-
flächlicher Mensch, als einer, für den das Leben keine Inhalte
hat, ja als die mindere Ausgabe des Dandys und Frauen-
helden Anatol aus Schnitzlers gleichnamiger Szenenfolge und
als ein heruntergekommener Verwandter des dekadenten
Ästheten Claudio aus Hofmannsthals *Der Tor und der Tod*
(1894), der erst in der Todesstunde eine drastische Lektion
erhält, um zur Einsicht zu kommen, dass er seinem Leben
keinen Sinn zu geben vermochte und vergeblich gelebt hat.[2]
Gustl avanciert somit nicht nur zum Vertreter des Militärs,
dessen fataler Ehrbegriff das einzige ist, womit er reflexiven
Umgang pflegt, sondern erweist sich durch sein Verhalten
als ein durch und durch ephemeres[3] Wesen, das „in Erman-
gelung einer Eigenseele eine ihm einigermaßen passende
Gruppenseele" adoptiert habe. Sogar die Formel vom „Mann
ohne Eigenschaften" wurde auf ihn angewendet, welche ihm

---

[1] Vgl. Reinhard Urbach: Schnitzler-Kommentar zu den erzählenden
   und dramatischen Werken, München 1974, S. 104 f.
[2] Zu den Urteilen der Interpreten vgl. Nils Ekfelt: „Schnitzler's *Leutnant Gustl:* Interior Monologue or Interior Dialogue?", in: *Sprach-
   kunst* 11 (1980), S. 19−25.
[3] ephemer: flüchtig

jedoch – mit Blick auf Ulrich, dem „Mann ohne Eigenschaften"
Musils – ein etwas zu großes intellektuelles Volumen zu-
weist.[1]

Aus: Arthur Schnitzler: *Leutnant Gustl*. Von Wendelin Schmidt-Dengler. In: Interpretationen. Erzählungen des 20. Jahrhunderts. Band 1. Stuttgart 2007 (Reclam), S. 21 f.

Moritz Benedikt: Leitartikel in der „Neuen Freien Presse" vom 21. Juni 1901

„[…] Gustl ist rau, oft derb geschildert, naturalistisch, mit
starken Farben und Worten. Aber er wächst vor unseren
Augen im Unglück; er verrät die Erziehung durch das gute
Beispiel vornehmer Gesinnung bei den Eltern und durch die
Eindrücke der großen Schule des Charakters, welche die 5
österreichische Armee und das österreichische Officirs-
korps stets waren und nie aufhören werden zu sein. Wirklich, es ist unsere volle Überzeugung, daß Schnitzler den
Officirsstand nicht verletzt hat und daß diese irrige Meinung schwer zu erklären ist und vielleicht erst entstehen 10
kann, wenn einzelne Sätze oder Worte ohne jeden Zusammenhang mit dem Ganzen, ohne jede Fühlung mit dem starken Zuge der Novelle betrachtet oder gedeutet werden.
Gesetzt den Fall, Lieutenant Gustl wäre kein würdiger und
nach militärischen Begriffen kein achtbarer Officir gewe- 15
sen. Sollte einem österreichischen Schriftsteller verboten
sein, was einem Ausländer im ‚Rosenmontag' vor dem Pu-
blikum des Burgtheaters gestattet wird, ganz unbefangen die
jeder gesellschaftlichen Classe eigenen Fehler schildern zu
dürfen, ohne den Vorwurf fürchten zu müssen, daß der 20
ganze Stand verletzt worden sei? Zu welchen Folgerungen
führt diese Beschränkung der künstlerischen Freiheit? Die
ängstlichsten Hoftheater können nicht verhüten, daß die
Gestalten böswilliger Minister und sogar schlechter Fürsten
auf die Bühne kommen, und was sollte aus der dramatischen 25
Literatur werden, wenn durch Verallgemeinerung der Schluß

---

[1] Zu diesen Formulierungen vgl. Gerhart Baumann: Arthur Schnitzler. Die Welt von Gestern eines Dichters von morgen, Frankfurt
a. M./Bonn 1965, S. 9 und 25.

gezogen würde, der Fürstenstand sei verletzt worden?
[...]
Der Ehrenrath war zweifellos bemüht, einen militärischen
Standpunkt einzunehmen, aber das Ergebnis ist doch eine
5 literarische Censur. Zu den Gründen des Urteils gehört die
Ansicht des Ehrenrathes, daß der Officirsstand durch Inhalt
und Fassung einer Novelle verletzt sei. Daraus entspringen
höchst wichtige Konsequenzen in einem Lande der allgemeinen Wehrpflicht, wo ein großer Teil der Schriftsteller im
10 Alter der stärksten schöpferischen Kraft die Charge von
Officiren hat. Die künstlerische Freiheit wird damit aufge-
hoben, denn die Grenzen für die Beschlüsse des Ehrenrathes
sind nicht leicht zu bestimmen, weil sie auf sämtliche Handlungen und die ganze Persönlichkeit des Officirs sich er-
15 strecken können. Gibt es da eine Bürgschaft, daß politische
und sociale Meinungen, die vom Bestehenden abweichen
oder sich gegen die geltenden Einrichtungen wenden, nicht
ebenfalls vor diesen Richterstuhl gebracht und dem Begriffe
der militärischen Ehre untergeordnet werden? Viele hun-
20 dert Männer verlieren plötzlich die geistige Selbstständigkeit
und literarische Unabhängigkeit, die ihnen das Strafgesetz
und die dramatische Censur noch gelassen haben. [...]"

Zitiert nach: Erläuterungen und Dokumente. Arthur Schnitzler. Leutnant Gustl.
Von Evelyne Polt-Heinzl. Stuttgart 2000 (Reclam), S. 46 f.

(Aus Gründen der Texttreue nicht in reformierter Schreibung)

7. Schnitzler, Freud und der Innere Monolog

Die Monolognovelle „Lieutenant Gustl" bot neben dem zweifelsohne provokanten Stoff eine für die damalige deutsche Literatur bahnbrechende formale Neuheit, nämlich die Erzählform des Inneren Monologs. Schnitzler wählte diese Form, weil sie Leser und Leserinnen in besonders eindring- 5 *licher Weise Gedanken, Gefühle und Erfahrungen des Protagonisten miterleben lässt. Der unmittelbar auf die Innenwelt gerichtete Erzählfokus, der ohne Brechung durch eine kommentierende Erzählerinstanz Bewusstseinsvorgänge direkt zur Sprache bringt, rückt in die Nähe des psychoanaly-* 10 *tischen Gesprächs, einer Methode, die der berühmte Wiener Nervenarzt Sigmund Freud (1856–1939) erfunden hatte, um die Neurosen seiner Patienten zu therapieren. Schnitzler hat sich nachweislich mit den Werken Freuds, vor allem seiner „Traumdeutung" (1900), intensiv beschäftigt.* 15 *Obwohl beide Männer in Wien lebten, hatten sie keinen persönlichen Kontakt, wohl aus einer „Art Doppelgängerscheu", wie Freud es genannt hat. Dass aber Interesse füreinander bestand und dass sie sich mit ähnlichen Fragestellungen und Problemen der menschlichen Psyche beschäftigten,* 20

Sigmund Freud   Arthur Schnitzler

*lässt sich z. B. an den aus Anlass von Geburtstagen verfassten
Briefen erkennen.*
Erst 24 Jahre nach Erscheinen des „Lieutenant Gustl" nahm
Schnitzler das Verfahren des Inneren Monologs wieder auf
5 und es gelang ihm ein zweites, ebenso beeindruckendes
Werk, die Monolognovelle „Fräulein Else" (1924), in der er
das tragische Schicksal einer jungen Frau aus dem Wiener
Bürgertum zum Thema machte. Beide Werke gehören zum
Kanon der literarischen Moderne des beginnenden 20. Jahr-
10 hunderts.

Michaela L. Perlmann: Schnitzler und Sigmund Freud

Für Schnitzlers Werk ist seine naturwissenschaftliche Schu-
lung, die ihm „den Blick geschärft und die Anschauung ge-
klärt hatte" (JiW 222), von ebenso entscheidender Bedeutung wie seine praktischen Erfahrungen als Arzt. Immerhin
5 glaubte er selbst, dass die neben dem literarischen Talent
„zweifellos gleichfalls vorhandenen ärztlichen Elemente"
seiner Natur „umso entschiedener" zur Entwicklung kommen würden, je mehr er sich von den Verpflichtungen des
Arztberufs befreit hätte (JiW 92). Das Interesse für psy-
10 chisch verursachte Erkrankungen und neue psychothera-
peutische Heilmethoden teilte er mit seinem Zeitgenossen,
Sigmund Freud, der seinerseits zunächst auch keine besondere Vorliebe für die Stellung und Tätigkeit des Arztes ver-
spürt hatte, sondern sich ebenfalls von Kunst und Literatur
15 angezogen fühlte. Beiden gemeinsam war nicht nur derselbe
soziale, kulturelle und konfessionelle Hintergrund, sie durch-
liefen auch im Abstand von sechs Jahren dieselbe Ausbildung
bei denselben Professoren. In der Tradition der Helmholtz-
schule sahen diese Lehrer keine anderen Kräfte im Organis-
20 mus wirksam als physikalisch-chemische. So entwickelten
beide bereits als Studenten dieselbe Skepsis gegenüber der
modernen Laboratoriumsmedizin und gegenüber der
Gleichgültigkeit, mit der die ausbildenden Therapeuten ihre
Patienten behandelten (Sigmund Freud, Sein Leben in Bil-
25 dern und Texten, Ernst Freud u. a. [Hg.], Frankfurt 1976, S.

86 ff.). Als Freud auf der Suche nach Neuansätzen die „Leçons sur les maladies du système nerveux, faites à la Salpêtrière" des Franzosen Jean-Martin Charcot ins Deutsche übersetzte (1886), war es der Redakteur Arthur Schnitzler, der diese Ausgabe lobend im ersten Jahrgang der „Internationalen 5 Klinischen Rundschau" besprach. Derselbe Vorgang wiederholte sich 1889, als Freud Hippolyte Bernheims Schrift „De la suggestion et de ses applications à la thérapeutique" übersetzte. Den Ergebnissen eigener Hypnoseversuche, bei denen weniger wissenschaftliches Interesse als schlichte Neu- 10 gierde und die Unterhaltung der geladenen Freunde im Vordergrund standen, widmete Schnitzler den Aufsatz „Über funktionelle Aphonie und deren Behandlung durch Hypnose und Suggestion" (1889). Während er Anfang der 90er Jahre die Konsequenz aus seinem mangelnden wissen- 15 schaftlichen Engagement zog und der Medizin den Rücken kehrte, versuchte Freud, die Medizin durch das Einbeziehen einer verstehenden, hermeneutischen Sehweise von innen heraus zu reformieren. Trotz mancher Übereinstimmungen in ihren Interessen und Erkenntnissen blieben die Versuche 20 einer persönlichen Kontaktaufnahme sporadisch. Auf beiden Seiten blieb die Einsicht in die Differenz der gewählten Methode ausschlaggebend. Schnitzler behielt trotz kontinuierlicher Auseinandersetzung mit der Psychoanalyse viele Vorbehalte gegen deren Theoriebildung, Freud dagegen sah in 25 der Dichtung bei aller Hochachtung keine Alternative zur Forschungsarbeit.

Aus: Michaela L. Perlmann: Arthur Schnitzler. Stuttgart (Metzler) 2004, S. 21 f.

Sigmund Freud: Brief an Arthur Schnitzler

8. Mai 1906

Wien IX, Berggasse 19

Verehrter Herr Doktor
Seit vielen Jahren bin ich mir der weitreichenden Übereinstimmung bewusst, die zwischen Ihren und meinen Auffas- 5 sungen mancher psychologischer und erotischer Probleme besteht, und kürzlich habe ich ja den Mut gefunden, eine solche ausdrücklich hervorzuheben (Bruchstück einer Hys-

terieanalyse, 1905). Ich habe mich oft verwundert gefragt, woher Sie diese oder jene geheime Kenntnis nehmen konnten, die ich mir durch mühselige Erforschung des Objektes erworben, und endlich kam ich dazu, den Dichter zu benei-
5 den, den ich sonst bewundert.

Nun mögen Sie erraten, wie sehr mich die Zeilen erfreut und erhoben, in denen Sie mir sagen, dass auch Sie aus meinen Schriften Anregung geschöpft haben. Es kränkt mich fast, dass ich fünfzig Jahre alt werden musste, um etwas so
10 Ehrenvolles zu erfahren.

Ihr in Verehrung ergebener
Dr. Freud

Aus: Sigmund Freud: Briefe. 1873–1939. Ausgewählt und herausgegeben von Ernst und Lucie Freud. 3., korrigierte Auflage. S. Fischer, Frankfurt am Main 1980.

Sigmund Freud: Brief an Arthur Schnitzler

14. Mai 1922

Wien IX, Berggasse 19

Verehrter Herr Doktor
Nun sind Sie auch beim sechzigsten Jahrestag angekommen,
5 während ich, um sechs Jahre älter, der Lebensgrenze nahe gerückt bin und erwarten darf, bald das Ende vom fünften Akt dieser ziemlich unverständlichen und nicht immer amüsanten Komödie zu sehen.

Wenn ich noch einen Rest von Glauben an die ‚Allmacht der
10 Gedanken' bewahrt hätte, würde ich jetzt nicht versäumen, Ihnen die stärksten und herzlichsten Glückwünsche für die zu erwartende Folge von Jahren zuzuschicken. Ich überlasse dies törichte Tun der unübersehbaren Schar von Zeitgenossen, die am 15. Mai Ihrer gedenken werden.
15 Ich will Ihnen aber ein Geständnis ablegen, welches Sie gütigst aus Rücksicht für mich für sich behalten [und] mit keinem Freunde oder Fremden teilen wollen. Ich habe mich mit der Frage gequält, warum ich eigentlich in all diesen Jahren nie den Versuch gemacht habe, Ihren Verkehr aufzu-
20 suchen und ein Gespräch mit Ihnen zu führen (wobei natürlich nicht in Betracht gezogen wird, ob Sie selbst eine solche Annäherung von mir gerne gesehen hätten).

Die Antwort auf diese Frage enthält das mir zu intim er-
scheinende Geständnis. Ich meine, ich habe Sie gemieden
aus einer Art von Doppelgängerscheu. Nicht etwa, dass ich
sonst so leicht geneigt wäre, mich mit einem anderen zu
identifizieren, oder dass ich mich über die Differenz der 5
Begabung hinwegsetzen wollte, die mich von Ihnen trennt,
sondern ich habe immer wieder, wenn ich mich in Ihre
schönen Schöpfungen vertiefe, hinter deren poetischem
Schein die nämlichen Voraussetzungen, Interessen und Er-
gebnisse zu finden geglaubt, die mir als die eigenen bekannt 10
waren. Ihr Determinismus wie Ihre Skepsis – was die Leute
Pessimismus heißen –, Ihr Ergriffensein von den Wahrheiten
des Unbewussten, von der Triebnatur des Menschen, Ihre
Zersetzung der kulturell-konventionellen Sicherheiten, das
Haften Ihrer Gedanken an der Polarität von Lieben und 15
Sterben, das alles berührte mich mit einer unheimlichen
Vertrautheit. (In einer kleinen Schrift vom Jahr 1920, ‚Jenseits des Lustprinzips‘, habe ich versucht, den Eros und den
Todestrieb als die Urkräfte aufzuzeigen, deren Gegenspiel
alle Rätsel des Lebens beherrscht.) So habe ich den Eindruck 20
gewonnen, dass Sie durch Intuition – eigentlich aber infolge
feiner Selbstwahrnehmung – alles das wissen, was ich in
mühseliger Arbeit an anderen Menschen aufgedeckt habe.
Ja, ich glaube, im Grunde Ihres Wesens sind Sie ein psychologischer Tiefenforscher, so ehrlich unparteiisch und uner- 25
schrocken wie nur je einer war, und wenn Sie das nicht
wären, hätten Ihre künstlerischen Fähigkeiten, Ihre Sprach-
kunst und Gestaltungskraft freies Spiel gehabt und Sie zu
einem Dichter weit mehr nach dem Wunsch der Menge
gemacht. Mir liegt es nahe, dem Forscher den Vorzug zu 30
geben. Aber verzeihen Sie, dass ich in die Analyse geraten
bin, ich kann eben nichts anderes. Nur weiß ich, dass die
Analyse kein Mittel ist, sich beliebt zu machen.
In herzlichster Ergebenheit

Ihr Freud 35

Aus: Sigmund Freud: Briefe. 1873–1939. Ausgewählt und herausgegeben von
Ernst und Lucie Freud. 3., korrigierte Auflage. S. Fischer, Frankfurt am Main 1980.
Zitiert nach: Die Wiener Moderne. Literatur, Kunst und Musik zwischen 1890
und 1910. Herausgegeben von Gotthart Wunberg unter Mitarbeit von J. Braa-
kenburg. Stuttgart (Reclam) 2002, S. 651–653

8. Erzähltheoretische Aspekte

Margret Behringer/Renate Gross: Zur Analyse erzählender Texte

In erzählenden Texten erfährt der Leser/die Leserin von einem oder einer Reihe von *Ereignissen,* die von einer oder mehreren *Figuren* verursacht worden sind oder denen sie ausgesetzt sind. Diese Ereignisse finden an verschiedenen
5 *Orten* statt und haben eine bestimmte *Zeitdauer.*
Mit diesen vier Elementen des Erzählens wird der Leser/die Leserin allerdings auf verschiedene Weise vertraut gemacht, d. h., jede Geschichte lässt sich auf ganz individuelle Weise erzählen. Einige Autoren haben das an Beispielen exempla-
10 risch vorgeführt, das berühmteste sind wohl die von dem französischen Schriftsteller Raymond Queneau verfassten „Exercices de style" (Stilübungen) (1947), in denen er eine banale Alltagsgeschichte in 99 verschiedenen Erzählvarianten vorführt. Je nach Art der Erzählung, der Länge, der Anord-
15 nung der Episoden, der Situation und Perspektive des Erzählers, der Figurenrede, des Sprachstils etc. bekommt ein und dieselbe Geschichte einen ganz unterschiedlichen Sinn.
Das zeigt, wie wichtig es ist, sich bei der Analyse erzählender Texte mit der Art und Weise, dem *Wie der Darstellung,* zu
20 beschäftigen.
Da es in der vorliegenden Textausgabe nicht möglich ist, die Erzähltheorie umfassend vorzustellen[1], soll der Fokus auf solche erzähltheoretischen Aspekte gerichtet werden, die für die Analyse der Novelle „Lieutenant Gustl" besonders
25 relevant sind.

---

[1] Interessierten sei die „Einführung in die Erzähltheorie" von Matias Martinez/Michael Scheffel empfohlen, die wir auch für obige Darstellung genutzt haben. In unserem Unterrichtsmodell zu „Lieutenant Gustl" wird der Analyse der Erzählstruktur der Novelle ein Baustein mit konkreten Beispielen und praktischen Übungen zur Erzähltechnik gewidmet.

- Unterschieden wird zwischen dem **Was der Erzählung** und dem **Wie der Darstellung**. Das heißt, es gibt einen grundsätzlichen Unterschied zwischen der erzählten Welt (dem Dargestellten) einerseits und dem Medium und den Erzählverfahren (der Darstellung) andererseits. [5]
- Unterschieden wird weiterhin zwischen den beiden **Darstellungsformen** epischer Texte: dem **Erzählerbericht** und der **Figurenrede**. Der **Erzählerbericht** enthält u. a. Beschreibungen und Charakterisierungen, die um Kommentare und Reflexionen des Erzählers erweitert werden können. Die **Figurenrede** präsentiert die [10] Worte und Gedanken der Figuren. Wegen der Nähe der Figurenrede zum Drama wird sie auch **szenischer Dialog** genannt.
- Die Erzähltheorie[1] unterscheidet **drei Formen** der Figurenrede: [15]
  - die **zitierte Figurenrede**, in der die Figuren „ungefiltert zu Wort" kommen, und den **zitierten Inneren Monolog**, in dem die Gedanken der Figur ohne narrative Vermittlung unmittelbar wiedergegeben werden [20] (dramatischer Modus);
  - die **erzählte Figurenrede**, die eine mehr oder weniger große Distanz zum Erzählten hält und in der der sprachliche Akt so weit gerafft werden kann, dass er nur noch erwähnt wird, ohne dass der Inhalt der Rede [25] bzw. des Bewusstseins der Figur (Bewusstseinsbericht) wiedergegeben wird (narrativer Modus);
  - die **transponierte**[2] **Figurenrede** (Mischform von narrativem und dramatischem Modus). Zu unterscheiden sind hier zwei Arten der Redewiedergabe: die [30] **indirekte Rede**, die das Gesagte nicht wörtlich wiedergibt, und die **erlebte Rede**, eine Zwischenform von direkter und indirekter Rede. Die **erlebte Rede** ist gekennzeichnet durch die Wiedergabe im Indikativ (im Gegensatz zum Konjunktiv in der **indirekten** [35] **Rede**) und in der dritten Person Singular oder Plural (statt der ersten Person Singular oder Plural in der

---

[1] Martinez/Scheffel, a. a. O., S. 51 ff.
[2] transponieren: lat. transponere: hinüberbringen, hinübersetzen

direkten Rede) sowie durch das Fehlen einer Redeein-
leitung (verbum dicendi[1]). Die **erlebte Rede** ermög-
licht einen nahtlosen Übergang vom Erzählerbericht in
die Wiedergabe von Figurenrede.

5 Bei der Novelle „Lieutenant Gustl" handelt es sich um eine
Ich-Erzählung, die durchgängig auf die Wahrnehmung der
erlebenden Figur Gustls beschränkt ist und auf jede Art von
Erzählrahmen verzichtet. Der Leser/die Leserin erhält einen
direkten Einblick in das Denken und Fühlen des Protagonis-
10 ten. Er/Sie fühlt sich der Figur Gustl unmittelbar nahe.
Ordnet man „Lieutenant Gustl" den drei Formen der Figurenrede zu, so zeigt sich die Besonderheit der Gestaltung
der Novelle deutlich. Die Erzählung ist in einem ununter-
brochenen **Inneren Monolog** verfasst, weist also einen
15 dramatischen Modus auf. Der Verzicht auf einen Erzählrahmen und die stringente Konzentration auf die „Innenwelt"
der Figur lässt die Bewusstseinsvorgänge des Protagonisten
unmittelbar zum Ausdruck kommen.
Der dramatische Charakter der Monolognovellen Schnitz-
20 lers hat Theaterregisseure zu Dramatisierungen der Texte
angeregt. Die zweite Novelle „Fräulein Else" (1924) ist mehr-
fach mit großem Erfolg auf der Bühne inszeniert worden.

Volker Meid: Novelle

Novelle, Prosa- oder (selten) Verserzählung von mittlerem
Umfang, die sich durch straffe Handlungsführung, formale
Geschlossenheit und thematische Konzentration auszeich-
5 net. Gegenstand des Erzählens ist nach der Definition Goethes „eine sich ereignete unerhörte Begebenheit", eine Begebenheit also, die einen gewissen Anspruch auf Wahrheit
erhebt und von etwas Neuem oder Außergewöhnlichem
erzählt. Zu den zahlreichen Versuchen, die Novellenform
10 näher zu charakterisieren, gehören die Hinweise auf die Zu-
spitzung des Erzählens auf einen ‚Wendepunkt' hin (und damit auf einen dem Drama verwandten Aufbau) und auf die
Strukturierung durch ein sprachliches Leitmotiv oder durch

---

[1] redeeinleitendes Verb

ein Dingsymbol (Paul Heyse u.a.). Häufig werden N.n zu Zyklen verbunden bzw. in Rahmenerzählungen eingebettet. Die Gattungsgeschichte der europäischen N. geht von Boccaccios *Decamerone* (um 1350) aus, einer durch eine Rahmenhandlung verknüpften Sammlung von 100 Erzählungen ("Geschichten, Fabeln, Parabeln oder wirkliche Begebenheiten, wie wir sie nennen wollen"). Die Konzeption des *Decamerone* wurde für Jahrhunderte Vorbild der europäischen Novellendichtung. Dabei ist in der Vielfalt erzählerischer Kurzformen bei Boccaccio bereits die Mehrdeutigkeit des Novellenbegriffs angelegt. In England nahm Geoffrey Chaucer die Form des Novellenzyklus auf, allerdings (teilweise) in Versen *(Canterbury Tales,* Ende 14. Jh.), in Frankreich folgten die anonymen *Cent nouvelles nouvelles* (um 1460) sowie das *Heptaméron* (1559) der Marguerite de Navarre dem Modell Boccaccios. Matteo Bandello *(Novelle,* 1553–54) und Cervantes *(Novelas ejemplares,* 1613) setzten durch den Verzicht auf eine Rahmenhandlung neue Akzente. Darüber hinaus entfernte sich Cervantes in manchen seiner N.n mit satirischen Sittenbildern und realistischen Gesellschaftsschilderungen entschieden von der ital. Tradition. Die Rezeption seiner N.n gegen Ende des 18. Jh.s in Deutschland übte eine bedeutende Wirkung auf die romantische Novellistik aus.

Nach Vorläufern in Humanismus, Barock und Aufklärung begann mit Goethes *Unterhaltungen deutscher Ausgewanderten* (1795), nach dem Beispiel Boccaccios als Zyklus mit Rahmenhandlung angelegt, die Geschichte der dt. Novelle. Auch Christoph Martin Wieland folgte mit dem *Hexameron von Rosenhain* (1805) der ital. (und frz.) Tradition. Zahlreiche weitere Novellenzyklen entstanden bis hin zu Gottfried Kellers *Sinngedicht* (1881), doch trat seit der Romantik und den N.n Heinrich v. Kleists die Einzelnovelle immer stärker in den Vordergrund. Auch Goethes *Novelle* (1828) bestätigt diese Tendenz. Neue Ausdrucksmöglichkeiten gewann die N. in der Romantik durch die Integration märchenhafter, fantastischer und dämonischer Elemente (Ludwig Tieck, Achim v. Arnim, Clemens Brentano, Friedrich de la Motte Fouqué, E. T. A. Hoffmann, Adelbert v. Chamisso, Joseph v. Eichendorff).

Nach der Novellistik der Biedermeierzeit (Annette v. Dros-
te-Hülshoff, Jeremias Gotthelf, Franz Grillparzer, Eduard
Mörike, Adalbert Stifter) erreichte die dt. N. im Realismus
ihren künstlerischen Höhepunkt (Keller, Theodor Storm,
5 Conrad Ferdinand Meyer). Mit Gerhart Hauptmanns „no-
vellistischer Studie" *Bahnwärter Thiel* (1888) beginnt die
Geschichte der modernen N., die sich über Autoren wie
Thomas und Heinrich Mann, Arthur Schnitzler oder Alfred
Döblin bis zu Günter Grass und Martin Walser als äußerst
10 fruchtbar – und offen für Anregungen aus anderen Litera-
turen (z. B. Émile Zola, Anton Tschechow, Guy de Maupas-
sant) – erwiesen hat. Charakteristisch für die Entwicklung
im 20. Jh. ist eine Erweiterung der formalen Ausdrucksmöglichkeiten, nicht zuletzt durch eine Annäherung an andere
Formen des Erzählens (Kurzgeschichte).

Aus: Volker Meid: Elektronisches Sachwörterbuch zur deutschen Literatur. Stuttgart: Philipp Reclam Junior 2000.

9. Orte des Geschehens

Konzerthaus des Wiener Musikvereins

Die Aspernbrücke

Wien, Nordbahnhof

Tegetthoff-Monument in Wien

Der Wiener Prater

Wilhelm Freiherr von
Tegetthoff

Johann-Nepomuk-Kirche,
Wien

Die Wiener Hofburg

Der Stephansdom in Wien

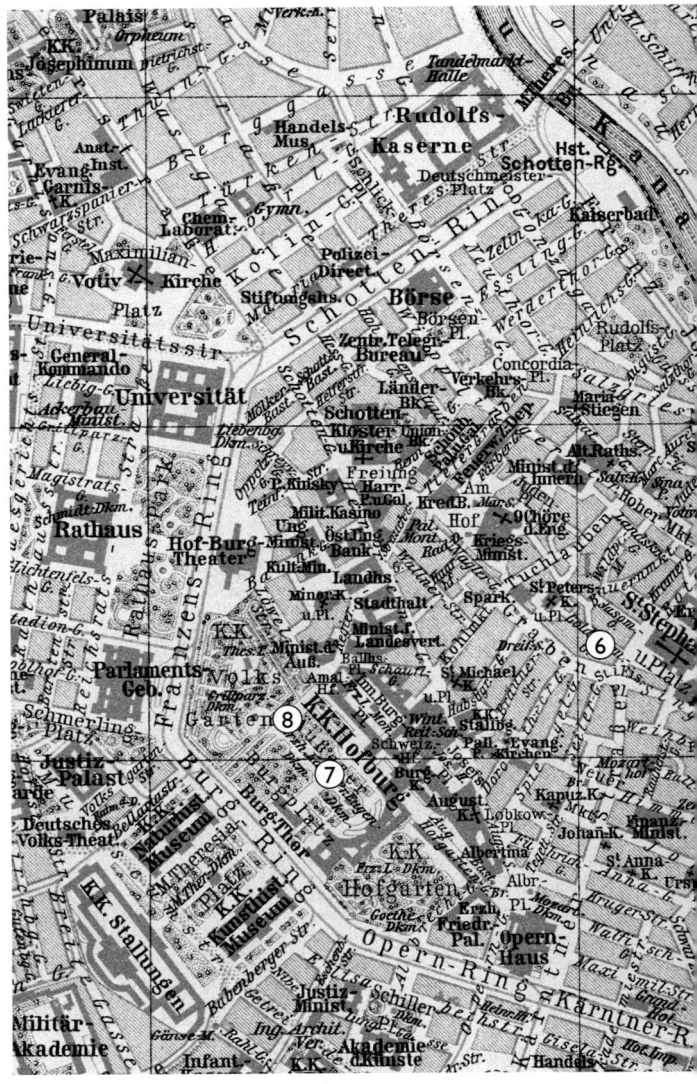

Plan der Wiener Innenstadt um 1900

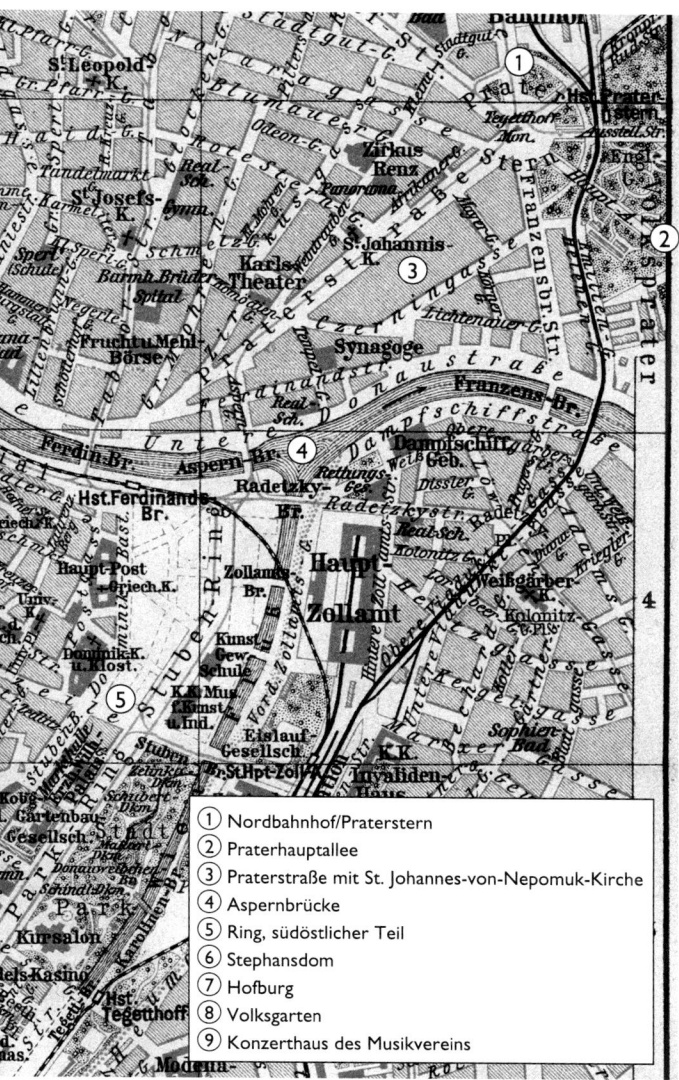

① Nordbahnhof/Praterstern
② Praterhauptallee
③ Praterstraße mit St. Johannes-von-Nepomuk-Kirche
④ Aspernbrücke
⑤ Ring, südöstlicher Teil
⑥ Stephansdom
⑦ Hofburg
⑧ Volksgarten
⑨ Konzerthaus des Musikvereins

Literatur

Werkausgaben

Schnitzler, Arthur: Gesammelte Werke in Einzelbänden. Frankfurt am Main (Fischer) 1961

Schnitzler, Arthur: Fräulein Else. Leutnant Gustl. Andreas Thameyers letzter Brief. Herausgegeben und mit einem Nachwort versehen von Hansgeorg Schmidt-Bergmann. Frankfurt am Main und Leipzig (Insel) 2002

Schnitzler, Arthur: Lieutenant Gustl. Hrsg. von Konstanze Fliedl, mit Anmerkungen und Literaturhinweisen von Evelyne Polt-Heinzl. Stuttgart (Reclam) 2002

Schnitzler, Arthur: Lieutenant Gustl. Herausgegeben und kommentiert von Ursula Renner unter Mitarbeit von Heinrich Bosse. Frankfurt am Main (Suhrkamp BasisBibliothek 33) 2007

Schnitzler, Arthur: Jugend in Wien. Eine Autobiographie. Hg. v. Therese Nickl und Heinrich Schnitzler. Wien, München, Zürich (Molden) 1968

Weiterführende Literatur

Aurnhammer, Achim: *Lieutenant Gustl.* Protokoll eines Unverbesserlichen. In: Interpretationen. Arthur Schnitzler. Dramen und Erzählungen. Stuttgart (Reclam) 2007, S. 69–88

Die Wiener Moderne. Literatur, Kunst und Musik zwischen 1890 und 1910. Gotthart Wunberg (Hrsg.) unter Mitarbeit von Johannes J. Braakenberg. Stuttgart (Reclam) 2002

Fliedl, Konstanze: Arthur Schnitzler. Stuttgart (Reclam) 2005

Freund, Winfried. Novelle. Stuttgart (Reclam) 2006

Frevert, Ute: Ehrenmänner. Das Duell in der bürgerlichen Gesellschaft. München (Beck) 1991

Kaiser, Erich: Arthur Schnitzler. Leutnant Gustl und andere Erzählungen. München (Oldenbourg) 1997

Lorenz, Dagmar: Wiener Moderne. Stuttgart und Weimar (Metzler) 2007 (2., aktualisierte und überarbeitete Auflage)

Martinez, Matias/Scheffel, Michael: Einführung in die Erzähltheorie. München (Beck) 2007 (7. Aufl.)

Meid, Volker: Elektronisches Sachwörterbuch zur deutschen Literatur. Stuttgart (Philipp Reclam Junior) 2000

Perlmann, Michaela L.: Arthur Schnitzler. Stuttgart und Weimar (Metzler) 2004

Polt-Heinzl, Evelyne: Erläuterungen und Dokumente: Arthur Schnitzler. Leutnant Gustl. Stuttgart (Reclam) 2000

Schmidt-Bergmann, Hansgeorg: Nachwort zu Arthur Schnitzler: Reigen. Komödie in zehn Dialogen. Frankfurt/M. und Leipzig (Insel) 2002

Schmidt-Dengler, Wendelin: Arthur Schnitzler: *Leutnant Gustl*. In: Interpretationen. Erzählungen des 20. Jahrhunderts. Band 1. Stuttgart (Reclam) 2007, S. 21−36

Scheible, Hartmut: Arthur Schnitzler in Selbstzeugnissen und Bilddokumenten. Reinbek bei Hamburg (rororo) 1976 (rowohlts monographien)